JN123101

都知事、
不思議の国のあるじ

20年間の都政から読みとく地方自治

地方自治ジャーナリスト
葉上太郎 著

まえがき

「いきなり目がキラキラし始めたね」

何人もにそう言われた。小池百合子・東京都知事のことだ。くすんでいたのに、急に生き生きし始めたというのである。

小池知事は2016年の当選直後こそ華々しい勢いがあったが、1年ほどで求心力を失った。政治と政策の両面で人々の不信を招いたからだ。

まず、政治欲が災いした。就任から1年とまだ都政の足元も定まっていなかった時に新党を結成し、知事にとどまったまま衆院選に臨んだ。結党時に旧民進党から合流しようとした人の一部を「排除」して有権者の反感も買った。さらに、自ら問題があると公表して仕掛けた豊洲新市場の移転問題では主張を変節させ、期待した人々を裏切った。

そうした結果、任期の折り返しを待たずして評判は地に落ちた。

「テレビに出たら、顔を見るだけで気分が悪くなるので、チャンネルを変える」と話す人までいた。

小池知事は逆風の中で、身を硬くして息をひそめ、しかし一方では小さなイベントに細かく足を運んだ。まるで小選挙区の衆院議員のような行動だった。

「ということは、再選出馬への意欲は満々だ。直接会った人の数が得票数とばかりに〝地道な運動〟で機会をうかがっている」と、都政界では噂されていた。

その都知事選がいよいよ3カ月後に迫った2020年3月――。

前年に中国で発生した新型コロナウイルスの感染拡大が東京に迫った。都内の感染者数は日々うなぎのぼりに増え、感染爆発とでも言える状況が目前に迫った。

こうした機会を逃さないのが小池知事である。

いち早く「都市封鎖」に言及し、首相官邸をさっそうと訪れて要望書を提出し、注意を呼び掛ける都提供のテレビCMには自ら登場した。小さなイベントに顔を出していた時と同じ人格とは思えないほど意欲的だった。

「危機を語り、対策を呼び掛ける時の小池知事は目が輝いている」。そう話す人が私の周囲ですら多かったのだから、かなりの人がそう感じたのではあるまいか。

ただ、このような政治展開が行えるのは、東京だからだろう。

「危機を奇貨として、求心力を得ようとする。小池さんらしいやり方だ」と話す人もいた。

メディアの集積地なので、ちょっとした発言が取り上げられて、全国に広まる。風向きも変わりやすい。

しかも約1400万人の都民の代表としての存在感は格別だ。

だが、こうした行動がどう都知事選に結びつくか、そして新型コロナウイルス対策に結びつくかは、まだ誰にも分からない。

□　□

都知事とは何か、都庁とは何か。

4年に一度の都知事選が巡ってくるたびに繰り返されてきた問いだ。県知事や県庁について問う人はほとんどいないのに、なぜか東京都に限っては、永遠の課題であるかのごとく問われる。東京以外に住む全国の人にまで大きな関心を持たれる。

それは前述のように、東京がメディアの中心地にあり、巨大な人口を抱える首都の知事としての発信力が大きいからだ。東京への集中が進めば進むほど、その傾向は強まる。

だが、東京の人は仕事に忙しい。地域への関心も薄い。このため地元の市区町村役場にほとんど足を向けたことのない人が多い。身近な市区町村ですら何をしているか知らないのに、中二階の都庁についてなど分かるはずがない。だから、選挙のたびに改めて考えてみて、都知事とは何者か、都庁とはどんな組織なのかと疑問が湧くのである。

そもそも都庁は特殊な行政機関だ。県庁のようであって県庁ではない。

都としての制度は戦争中にでき、東京府と東京市が合併させられて発足した。

このため通常の県庁の仕事に加えて、23特別区の権限も一部与えられており、その意味では基礎自治体の自治権を奪ってきた。戦争遂行のために、行政機関を効率化させるのが目的だったとされている。このため都知事は、23区エリアの東京市長としての顔も持っている。

その証拠が五輪招致だ。五輪はシティの祭典なのに、東京都が招致した。東京市として招致活動を行ったのである。

他にも、東京都は独立王国のような財政制度も持っている。

23区には多くの企業の本社が立地しており、税収が豊富だ。これら23区内の地方税の一部は都が一括して徴収し、独自の計算式で各区に配分している。国税の一部が総務省の複雑な計算式で全国の自治体に配分される「地方交付税」と同じ構図だ。ミニ版の地方交付税が都と23区の間には存在しているのである。

□　□

「豊富な税収」と言っても、法人税に支えられているので、景気変動の影響を著しく受ける。2020年度はコロナ禍で景気が冷えることから、今後の東京都の税収は大打撃を受けるだろう。ただ、そうした時にこそ財政出動が求められる。長引くウイルス対策だけでなく、人々の暮らしの対策、景気浮揚策も打たなければならない。

次の任期の都知事は極めて難しい舵取りを迫られるのではないか。東京五輪・パラリンピックは2021年7月に延期されたが、その時に都に巨大なイベントを行うだけの体力があるかどうか。暮らしに困窮する人が増え、財政への不安が顕著になっても、五輪を行うことへの理解は得られるのか。そもそもコロナ禍は終息しているだろうか――。

このような問題を、毎月コラムの形で書いてきた。

月刊『地方自治職員研修』（公職研刊）で「葉上太郎の都政ウオッチング」という連載を受け持ってきたのである。都政の動きをストレートに報じるというより、様々な角度から政治や政策、人の動きなどを解説してきた。

スタートは2001年6月の石原慎太郎知事の時代だ。それから226回目となる2020年3月号で同誌が休刊となり、20年近くにわたる連載は幕を閉じた。

これだけ長い連載だったのだから、都政を振り返るための一つのツールになるのではないかと言われれば、確かにそのような気もする。そこで編集部最後の仕事として47本を厳選してもらい、本にまとめ直していただいた。

少し辛口なのは、愛あればこそである。

もくじ

第2部　自治体としての東京都

第1部

都政——この20年の変転

◈第1章　石原慎太郎〈第1期〉

視察？　遊び？

（２００1年9月号掲載）


「帰るよ、今日。帰ろう、もう。俺は出ないで帰るから。君らのせいだぞ、言っとくけど」

　そんな捨てぜりふを残して、石原慎太郎・東京都知事が宮崎県から帰ってしまったのは7月8日。まだ記憶に新しい。

「君ら」とは、記者のことだ。質問に腹が立ったから〝行事〟を放り出して帰るのだという。こんな理由でドタキャンし、すねた子供よろしく帰ってしまうのは都政始まって以来の椿事だろう。

　知事が訪れたのは、宮崎市に完成した「臨海公園」のオープン記念式典だった。同公園は「日南海岸リゾート構想」に基づいて建設され、マリーナや人工ビーチを備えている。ちなみに、破綻したシーガイアも、この開発の一環だった。

　宮崎県が「石原知事はマリンスポーツの実践者。宮崎のレジャーや観光の振興になる」（県港湾課）として、式典とヨットレースの招待状を出したのは5月20日過ぎ。

「当初は出ないと言っていたが、石原軍団の俳優、舘ひろしがヨットレースに出るということで、急に知事サイドが『出席』を指示した」（都幹部）という。都側の担当の港湾局に「出席」が伝えられたのは6月末。局は慌てて〝日程〟を組み、7月4日に「知事の宮崎県への視察出張について」と題した資料を記者配布した。

「視察日程」によると、7日に宮崎入り。その日は「臨海公園オープン記念式典」「公園及び隣接施設等視察」「ヨットレース歓迎レセプション」とある。翌日は「レース運営状況視察」「表彰式」。さらにもう1泊する2泊3日の予定だった。

　問題の「レース運営状況視察」は、公務として

日程に入れられている。ところが、前夜のレセプション後、地元民放記者が知事に、

「公費で来てヨットレースに参加することに批判などがあるようだが」

と、質問したところから、シナリオが崩れた。日程にはレースの「運営状況視察」とあるものの、実態は舘ひろしさんのヨットへの乗船だったのである。やや長くなるが、発言を引用しておこう。石原氏は発言を〝つまれる〟のを嫌った。このため興奮して述べたままを掲載しており、日本語としてはかなりおかしくなっている。

「公費たってね、あたしは仕事で来てだね、来てくれ、来てくれいう、来たんでねぇ。あとは、そりゃ、要するに、明日1日いて、ついでにヨットに乗る。どこが悪いんですか。そのため来たんじゃねえんだから。バカなこと言うなよ、ホントにもう。今日は公務です。明日は要するに、あたしは遊んで帰ります。ついでだから。ガタガタ言われる筋合い（ありま）せん。そのため公費を一銭も使いませんから、どうぞご安心下さい。そんなことを言う奴は、出て来い、ここへ。人がせっかく、好意で来てだな、仲間集まってるから花添えようと思ったら、下らんこと言うんなら。帰るよ、帰ろう」。

知事自身は「ついでの遊び」と言っている。しかし、都港湾局は「利用者の立場でヨットに乗り、体験してもらうためで、あくまで公務」と説明しており、正反対の言い方になっている。

職員の場合、知事の言い方ならアウトである。公務出張に遊びを加えてはならないのは常識で、発覚すれば遊びの分の費用は返納対象になる。

「ただし特別職は、『政策を練るのに役立った』と言えばグレーゾーン。最近でも小笠原観光施策との関連を理由にしたガラパゴス出張（11日間）はグレーだった」（別の都幹部）。

今回の件については、「やましくないなら堂々とヨットに乗ればいい。帰ったことでやましいと証明された」という評価が多く聞こえるが、「最終的に、いいか悪いかの判断は、選挙しかない」と語る都幹部も。

ただ、その場合、有権者に情報が伝わったうえでの話だろう。出発前日、都庁での定例会見で、この話題には一切触れられなかった。それに比べ、宮崎の民放記者の質問は、ほめられこそすれ、非難される謂(いわ)れはないと思う。

姉妹都市の危機――テロと都政

（２００１年12月号掲載）

夜、都議からメールが入った。

「国防省がやられるなんて……」

それが、アメリカのテロ事件を知った最初だった。そして、すぐ思い浮かべたのは、石原慎太郎知事のことだ。

９月８日から15日まで訪米中。発生した11日と言えば、その日程の佳境だった、かも知れない。

日頃から「危機」という言葉を好んで口にする知事が、どのような行動に出るか、人間観察の意味からも注目していた。

ここで「かも知れない」と書いたのは、詳しい日程は極秘事項として伏せられ、目的についても、「そんなことは言えない。誰が何と言おうと、言わない」（７日会見）と、一切説明せずに行ってしまったからだ。タカ派的な主張で知られるハドソン研究所で講演したとか、同行記者が伝える記事でしか、その動向は分からなかった。

こうしたふがいない情報収集能力は私だけかと思ったら、そうではなかった。テロ事件を受けて、都議会は急遽対応策を練ったのだが、

「知事は何をしにアメリカへ行ったのか。今、何をしているのか」

都議にこう尋ねられた副知事は、「分かりません」と、答えたのだそうだ。

米軍基地を使った防災訓練から１週間しか経っていない。万一の場合は、災害対策本部長となる人間の動向が、公務のさなかでさえ把握できない

とは、悠長なことだ。

そんな状態だから、都議会は当局を無視して、ニューヨーク市に5万ドルの見舞金送付を決め、速やかに支援の準備を整えるよう不在の知事宛てに文書で申し入れた。

19日に迫っていた9月定例議会は、「副知事以下がいれば支障ない」と、いつ飛ぶとも知れぬ帰国便を待つことなく、予定通りの開会を決めた。

一方、知事サイド。残りの日程をキャンセルし、早く帰国したい意向だったが、飛行機がない。結局、14日の一番機で戻って来たものの、その間、事務方がニューヨーク市に儀礼的なお見舞い電報を打っただけだった。

ニューヨークと東京と言えば、1960年以来の姉妹都市である。11ある都の友好姉妹都市で最も古いつき合いだ。特に鈴木俊一元知事は、カリスマ的人気を誇ったコッチ市長と仲が良く、何かにつけて情報交換し合っていた。

「あの時代からは考えられない態度」と、ある都幹部が嘆く。

「目と鼻の先のワシントンに宿泊していて、姉妹都市の惨状を見ながら、せめて直接メッセージを送ることさえしなかった。恐らくパニックだったろうジュリアーニ市長を勇気づけることぐらいできたのに」というのだ。

一冊の報告書がある。「ジュリアーニ市政下のニューヨーク」と題されている。手腕を高く評価されているジュリアーニ市政を「ライバル」と位置づける石原都政で、都が7月にまとめたニューヨークの分析本だ。シリコン・アレー、フィルム・コミッション……。都が真似ようとしている施策がまとめられており、ネタ本として興味深い。

その「ライバル」が危機に面した時、どのように動くのか。いうなれば生きた教材が目の前にあった。ところが、訪問団は空港が開くや否や直行し、一目散に帰ってきただけだった。同じ時期に東北地区の知事が、やはり渡米していたが、日程を遅らせても行事をこなし、「その分、交流が深まった」と帰国したのとは対照的だ。

近年の東京都とニューヨークの交流と言えば、

教育者や高校生の訪問団の受け入れ程度で、昨年はニューヨーク事務所も閉鎖してしまった。事務所は一番機が突っ込んだ世界貿易センタービル北側の79階にあったから、難をのがれることにはなったが、先見の明があったというのとはまた違う話だ。

知事の帰国後、都庁では入口に「特別警戒中」と大書した紙が張られ、いくつかのドアが閉鎖された。「何に役立つのか」と多くの職員に聞いてみたが、誰からも明確は答えはない。

都民の懐が痛まない都税――新たな東京VS地方

（2002年1月号掲載）

不思議な税だ。「千客万来」と言いつつも、泊まりに来た人には税を課す。逆に、そこに住んでいる人には、ほぼ負担がない。

東京都が打ち出したホテル税のことだ。1泊1万円以上なら100円、1万5000円以上だと200円を徴収する。税収は約15億円を見込み、観光振興に使うという。

始まりは1年前。石原慎太郎知事肝入りの都税制調査会が、4つの税を導入すべし、と答申した。大型ディーゼル車高速道利用税、産廃税、パチンコ税、そしてホテル税――。当時、都庁内で評判を聞いて回った限りでは、ホテル税の評判は散々だった。

「取り易いから取るでは哲学がない」と言う職員が多かった。

しばらくして石原都政の長期構想ができ、「千客万来の世界都市を目指して」と名付けられた。都の構想は、時の為政者に似つかわしい愛称を付ける伝統がある。それぞれ時代を反映するキャッチフレーズで、例えば鈴木俊一都政は「マイタウン東京」、青島幸男都政は「生活都市東京」だった。しかし、今回はこれと言ったキャッチがなく、大方の中身ができた後、取ってつけたように「千客万来」と冠した。

その後、外国人観光客を2倍以上に増やすことなどを目標とした「観光産業振興プラン」作りが始まった。その施策の一部財源としてホテル税を充てる案が浮上した。プランはまだ素案段階なので、税を何に使うのか公表されていない。が、とにかく課税だけは先に決めることになった。当初は法定外普通税だった案が、いつの間にか目的税に変わっていた。

今回の税で特徴的なのは、課税対象者がその地区の住民ではないことだろう。払うのは宿泊客で、たぶん都民ではない。しかも、都民代表の知事が提案し、都民代表の都議会で決めるから、課税対象者抜きで進む。結果として都民の懐を痛めないで税収は上がるから、都にとってこれほど都合がいいものはない。ただ、「パック旅行での宿泊は1万円以下の宿泊が多い」(都幹部)というから、観光より、ビジネス客の負担が増える恐れがある。目的税としては、チグバグになるかもしれない。

と、考えていたら、思わぬ「課税対象者」から声が上がった。霞ヶ関なり永田町なりに、いやがおうでも行かざるを得ない宿泊客。知事達だった。「行かなきゃいかんから行く東京以外の人に税金を掛けるのはいかがなもんか。行かんでよかなら、行きたくないですよ」(井本勇・佐賀県知事)

「中央政府があるから地方からビジネスとして行かざるを得ない人にどうして負担を求めなければいけないのか。専ら県内の皆さんに問いかけ、訴えかけ、税負担を求め、ある特定の目的で行政を推進するのが、地方分権時代の課税自主権の在り方だと思います。しかし、他人のふんどしと言いますか、自分のところの住民以外の人から負担を求める税制です。住民に負担を求めるのはあまり喜ばれませんから、その地方団体の有権者以外の人に税負担を求める安易な課税に陥り易いのです」(片山善博・鳥取県知事)

もちろん、太田房江・大阪府知事のように「一つのアイデア」とする声もある。だが、片山知事はシビアで「例えば鳥取県で観光振興をやるなら、少しホテル代を安くするにはどうすればいいかを考える」と言った。

　石原知事は、怒った。

「あれ、自治省の役人だろう、元の。後ろにいる役所がだなあ、地方自治体が勝手なことされて嫌なのよ。これだって不愉快なんでしょうよ。ことの何たるかよく理解もせずにだね、恥かくのはテメーの方だ」

　言い方は酷いものだが、ようやく議論らしきものが起こった。税の基本は合意だろう。その前提は議論である。

　都独自の「税」と言えば、いわゆる銀行税も導入時はさしたる議論もなく、貸ししぶりをする銀行に対して懲罰的に導入された。今回はせめて議論だけはなされるはずだ、と希望的に成り行きを見守りたい。

閉じた知事査定

（２００３年３月号掲載）


　他の自治体はどうか知らないが、東京都では当初予算の知事査定で、毎年ブリーフィングが行われていた。

　ブリーフィングとは、当局による簡単な記者説明だ。都の知事査定は何日かにわたって行われるため、その日の査定が終わるごとに、幹部職員がクラブ記者を集めて結果を知らせていた。

　夕方になると、報道課の職員がクラブへ声掛けして回る。記者が幹部の個室にバラバラと集まると、

「今日は、建設局と港湾局と住宅局の査定でした。○○の問題が議論になって、知事はこんな意向でした。その結果、止めることにしました」

　などと説明があり、記者からは、

「どんな議論があったんですか」

「その時の知事はどうでしたか」

「関連で言えば、こんな問題もありましたけど、

どうするんですか」

などといった質問が出る。そして翌日の紙面には、新たにこんな事業に取り組むとか、激論の末（もしくは、議論もなく）止めると決めたとか、あるいは結論を持ち越したとかの記事が載る。

それが今年度から、なくなった。

噂によると、知事側近の意向が強く働いたのだという。

「緊縮予算でいい打ち出しができないから、やりたくなかったんだろう」「またもや秘密主義の報道管制だ」

庁内からはこんな声が聞こえる。

もちろんブリーフィングをやめることについての議論はあったようだ。しかし、「予算は5兆7295億円の総体として理解してもらうもので、個別に出せば単に『切られた』と見られるなど、都民に誤解を与える」というような理由でやめたのだと、これも噂で聞いた。

予算査定のブリーフィングは、鈴木俊一元知事時代に始まった。鈴木元知事は「自治の神様」と言われただけに査定に熱心で、今年のように3日程度で済ませることはなかった。それだけに、「それぞれの予算に知事の思想、自治の哲学がひっついていて、ブリーフィングはそれを説明するための場でもあった」と、ある職員は言う。

むろん打算もあった。国家予算に比べても世界で十指に数えられる都予算は案件が膨大だから、小出しにしてその都度報道してもらった方が記事になりやすい。

今年、予算の記事は各紙とも、発表翌日に社会面や総合面にごく小さく「緊縮3％減」などと掲載され、あとは都内版に概要がごちゃごちゃと載っただけだった。知事選を前にした本格予算で、再選出馬する場合は公約とも言える位置づけにしては、極めて地味だった。少しでも話題にしてもらいたい時期に、記事にならないで損をしたのは、知事自身だったことになる。

実は損得勘定だけでなく、ブリーフィングには様々な効果があった。知事ら幹部職員が鳩首論戦する重要課題は何なのか、さらに知事がどのような意向で組んだ予算なのかを情報公開できた。切るなら切る、残すなら残すでも、どんな議論があったかを踏まえれば、都民も庁内も予算を使う時の心構えが違っていた。大組織なりの意思徹底手段にもなった。議会はこれをもとに勉強し、予算チェックという最大の責務を果たすことができた。財務当局も先触れすることで都民や議会の温度を測り、軌道修正することができた。

青島幸男前知事時代には、大相撲の東京都知事賞「北村西望作・獅子奮迅像」の贈呈や隅田川花火大会の中止が査定に掛けられたが、侃々諤々の議論の末、都民や議会の声もあって存続されたことは記憶に新しい。

庁内には今、箝口令が敷かれていて、査定での議論どころか、査定項目を知ることすら都民にはできない。もし報道されれば、厳しい犯人探しが待っているだけだ。

「石原慎太郎知事が批判する『由らしむべし、知らしむべからず』は、今の都庁そのものではないか」と指摘する職員もいる。それだけではない。都民やマスコミの反応を知ることができなかったのは、知事自身だった。

不安なオーソライズ

（2003年4月号掲載）

「デュー・プロセスの問題には、触れられなかったのか」

こんな疑問を幾人からか聞いた。東京都が大手銀行を狙い撃ちにした外形標準課税の東京高裁判決である。

確かに、そう言われても仕方がない面があった。というのも、判決ではさらりと触れただけで、要旨、骨子には載せられすらしなかったからだ。分厚い判決文の本文を全部読んでみたらわずかに12行だけ載っていた。これでは、目に留まらなかったとしても不思議はない。

デュー・プロセスとは、憲法31条を根拠にした刑事・行政処分の「適正手続」だ。税の場合は「納税者の受忍を求めて合意を形成したうえで課税する」（片山善博・鳥取県知事が高裁に提出した意見書より）ことになるだろう。つまり、課税のための条例制定過程は納得されるものだったかどうか。

これについては、嘘のような本当の話があり、内部告発らしき情報をキャッチした全国銀行協会が、都主税局に問い合わせをしたところ、局は「検討していない」と騙し討ちにしていたことが判明している。一審判決は、これを糞味噌に批判した。

二審も「検討している事実はない旨返答しながら、都議会に条例案を提出する直前までその公表を先送りにしてきたことが認められる」と騙し討ちについては認めた。が、解釈は正反対で、「条例の構想や条例案の公表時期、内容、方法等は多分に都の政治判断にゆだねられるべき事柄であることも考慮すると、立案、検討が秘密裡に行われた等の行為を違法と評価することはできない」と判断したのだった。都議会開会の半月前に記者会見で構想を公表し、議会で参考人の意見聴取をしているから十分、とした。

銀行に肩入れするわけではないのだが、この部分は引っ掛かる。

確かに形式的には手続きを踏んでいる。だが、秘密が漏れなかったことが都庁内で誇らしげに語られ、突然の発表から施行までは議会期間も含めてたった2カ月弱。しかも、根回しで開会前に可決は決まっていて、参考人聴取もガス抜き程度でしかなかった。実態としては議論がないに等しかったことを考え合わせると、違法とまでは言わなくても、苦言の一つもあってよかった。

私が危惧しているのは、「秘密裡の検討」を高裁判決が正当化し、オーソライズしてしまうことだ。

片山知事は意見書で「代表なくして課税なし」という言葉を引きながら、「税は、大方の納税者の理解と協力がなければ、いくら制度を作っても円滑に機能しない」と指摘している。元自治省府県税課長ならではの言葉だ。

税だけではないだろう。行政の施策決定は、自治体や首長の独断、議会のノーチェックが問題化されて久しく、最近は中間のまとめ段階での公表や、パブリックコメント制度の導入、インターネットを活用した議論がどんどん取り入れられている。異論が多ければ議会提案直前にひっこめて再検討する自治体さえ出始めている時代だ。各地の水源税や産廃税の構想は、長い時間かけて根本から議論されている。

ところが高裁判決は、こうした「流れ」は別にして、最低限の合意手続きさえ踏めばいいとする形式判断をした。誤解を恐れずに言うと、施策形成の段階では住民意見を聞かないでいいと、お墨付きを与えたようなものだ。

「法的にはそう判断せざるを得ない」との反論は当然あるだろう。しかし、高裁判決は別の部分で「立案時以上に地方分権の推進が求められ、そのための財源的な裏付けの必要性が高まっている現在の社会情勢にも適合している」とするなど、時代の流れをにらんだ政治的判断もしているのだから、なんとなく釈然としない。もちろんこの部分は、自治体の課税自主権を広く認めた論拠だから、異論はないのだが。

形式的な議論さえ経れば十分とする形式的な認定。もし、課税されるのが銀行という〝悪者〟でなく、一般都民だったら……。

そこまでは言うまいか。

〈書き下ろし〉

石原都政が生まれた必然性

都知事は反面教師から生まれてきた。

前政権の失敗を踏み台にして、その克服策を訴えることで選挙に勝ち、自らへの求心力獲得の材料にしてきたのである。歴史を振り返ると、それがよく分かる。

前回の東京五輪開催時（１９６４年）に知事だった東龍太郎氏（59～67年、2期）は「五輪知事」と呼ばれた。スポーツに造詣の深い医学者で、東京五輪の招致にも深く関わった。このため、任期の最終盤で五輪招致を決めた安井誠一郎氏（47～59年、３期）を引き継ぐ形で知事になった。安井氏は官選最後の東京都長官で、戦後初めての民選都知事になった人だ。

東氏は都政に関しては素人に近く、実質的に力を振るったのは旧自治庁事務次官を務めた鈴木俊一・副知事である。「東知事・鈴木都政」などと揶揄された。

この時代に力が注がれたのは、五輪開催を契機とした首都建設だった。しかし、こうした開発主義は都市への集中や経済格差、環境への負荷などの問題を噴出させた。

そこで登場したのが革新系の美濃部亮吉氏（67～79年、３期）だ。美濃部時代は取り巻きの学者グループが次々と施策を打ち出し、公害や福祉などの分野で国に先駆けた。だが、職員数の増加や支出の増大などで財政難に陥り、「惨憺（さんたん）たる幕引き」で終焉を迎えた。

──前政権への批判が新政権を生む──

ここで復権を果たしたのが鈴木俊一氏（79～95年、4期）だ。鈴木氏は東知事の後継と目された時期もあったが、知名度の高かった美濃部氏が擁立され、戦況の不利を悟るや立候補を固辞して都庁を去った。その後は大阪万博の事務総長などを歴任し、万全を期して都知事になった。

鈴木氏は自治のプロとして、就任間もなく財政再建を果たした。ところが、この時代に東京への一極集中がさらに進み、バブル経済なども訪れた。財政再建が売りだった鈴木都政は、皮肉なことに都市問題解決などのための巨大投資で財政難に追い込まれていく。

都庁舎を東京駅近くの有楽町から新宿に移転させた時には、距離が遠くなる下町の各区にそれぞれ代償として博物館などを建てた。さらにオフィス需要の高まりを受けて、23区内に7番目の副都心を形成する構想を打ち出し、東京港に職住近接を目指した埋立地「臨海副都心」を造成した。また、地下の環状線と言われる都営地下鉄「大江戸線」も一気に工事を進めた。これらの経費や借金返済がピークになった時にバブル経済が崩壊した。

青島幸男氏（95～99年、1期）は、あまり議論もなく過大な開発を進め、財政難に陥った鈴木都政を批判して、各党相乗りで出馬した元内閣官房副長官を破った。だが、実質的な公約は臨海副都心で行われる予定だった「世界都市博」の中止だけというような状態で、選挙運動も一切行わなかった。当選すると思っていなかったのだろう。つまり都知事としての覚悟がなかった。結果として、野党勢力に激しく追及される中で都市博を中止した後は息切れし、ほぼ何もしないで終わった。臨海副都心も開発の速度を緩めながら進めるという既定路線に乗った形になった。

―― 石原都政は青島都政の煮え切らなさが生んだ ――

こうした煮え切らない態度に物を言うという形で出てきたのが石原慎太郎氏（99～2012年、4期）だった。選挙では「はっきりＹＥＳ、はっきりＮＯ」と呼び掛け、有力6候補の混戦となった選挙戦を制した。

つまり青島都政からの転換が、石原都政のスタートだった。

だが、石原都政の1期目で実を結んだ政策は、鈴木時代から青島時代にかけて都庁内で形成されたものばかりだった。「石原知事が登場した時、都庁が温めてきた政策のうち、どれが石原さんの主張に近いかを検討しました。結果として双方が折り合える政策を打ち出した」と当時の幹部職員は話す。

その象徴と言えるのが、国に先駆けたディーゼル車規制だ。

政策としてのスタートは大阪の西淀川公害訴訟だった。同訴訟では工場の排煙だけでなく、自動車交通量の増加に伴う排ガスも問題とされた。「このままでは道路が造れなくなる。そうなったら東京の渋滞は永遠に緩和されない」と危機感を抱いた都庁は、鈴木知事時代から、どうやったら排ガスに含まれる窒素酸化物や浮遊粒子状物質が減らせるかを研究した。その成果がようやく出てきたのが青島時代だ。ディーゼル車の排ガスから微粒子状物質を取り除ける装置が作れると判明し、幹部職員が自動車好きの青島氏を都の研究施設の視察に連れ出した。だが、青島氏は運輸業界などへの影響が大きいと考え、意欲を示しただけで終わった。

――「ディーゼル車NO」が石原都政だった理由――

石原氏就任後の都庁内では、同氏が旧環境庁長官を務めただけに環境絡みの政策には興味を持つのではないかと考えられた。そこで幹部職員が打診すると、本人は乗り気になった。こうして石原知事就任から4カ月で「ディーゼル車NO作戦」が始まった。問題はまだ装置の開発が十分でなかったことだ。「知事サイドから早く開発しろとせっつかれて大変だった」と当時の担当者は振り返る。

この施策に賛同する都民は多く、一気に石原知事の人気は上昇した。それまではタカ派的言動だけで、組織を率いる力はないと酷評する人もいたが、「政策でもやるじゃないか。しかも弱者の味方だ」と人々に思わせた。

それにしても、なぜ青島氏にはできず、石原氏にできたのか。

「国や業界と摩擦が起きてもやろうとするかどうかの腕力の違いだ」と解説する都議がいたが、確かに私が見ても青島氏では腕っぷしが弱かった。

◈第2章　石原慎太郎〈第2期〉

「青」の時代の終わり

（2003年7月号掲載）

閑散としていた都庁の正面玄関は、三々五々集まってきた職員で、やがて黒山に膨れ上がった。「最高幹部の意向で動員がかけられなかった。寂しい別れになるかもしれない」と聞いていたから、予想を超える人数に、私は胸をなで下ろした。「都庁もまだ捨てたもんじゃない」と。

5月9日午後5時、この日で退任する青山佾（やすし）副知事は多くの職員に見送られて都庁を後にした。

職員に花束を贈られ、車に乗り込む前に笑顔で振り向くと、

「ご苦労さまぁ」

職員が大きな声を張り上げた。拍手がひときわ大きくなった――。

石原都政の1期目を支えた特別職の人事は極めて明快だった。副知事で言えば、職員や議会対策のための福永正通氏、政策通の青山氏、そして自らの代弁者として国会議員時代の秘書だった浜渦武生氏。人心掌握、政策推進、意思伝達としての役割だった。

問題は「政策」の中身である。知事や側近は否定するだろうが、多くは青島幸男前知事時代の継承だった。これも特別職の人事に明確に現れていた。即ち青山副知事と佐々木克己出納長の起用だ。佐々木氏は青島時代の4年間、ずっと企画・報道担当の筆頭局長を務め、「知事よりも知事のことが分かる」と言われた切れ者だ。青島都政が世に問うた「循環型社会づくり」という造語も佐々木氏によるものだった。一方、青山氏は、まず計画部長として「生活都市東京構想」を練り上げ、青島時代の骨格を作った。その後は佐々木氏が局長を務めた政策報道室の理事に就任、本当は局長に

昇進しなければならないのに知事側近に留め置かれた。2人はともに青島2期目の副知事候補と見られていた。

つまり石原都政は、青島都政のツートップを最高幹部に据えた。それは、転換ではなく、継続の意思だったと私は解釈している。

佐々木氏は途中で退任し、後任には石原知事お気に入りの大塚俊郎・主税局長が座ったが、石原都政の1期目は青山政策に彩られていたと言っても過言ではないだろう。

羽田空港の再国際化・再拡張、ストップしていた外郭環状道路の推進をはじめとする三環状道路のネットワーク化、シルバーパスへの出費抑制など福祉施策の転換、都心部の再生による東京活性化、ディーゼル排ガス規制や都心部への車乗り入れ規制による環境対策……。最後の2つは佐々木氏の推進力によるところが大きいが、こうして挙げれば切りがない。

「国と戦う」という姿勢すらそうだ。実は青島都政の後半期、都政中枢部はそれを仕掛ける時期とネタを計っていた。「青島では国と戦えなかった」とする声が庁内では大勢だが、国会でハンガーストライキをしたり、抗議の議員辞職をしたりした青島氏にその資質がなかったかどうかは、今となっては分からない。

要するに、石原都政は青島都政が積み残した問題を、自らが発案したように見せて推進してきたに過ぎない。

つまり、石原都政は青島都政であり、その象徴は青山副知事ではなかったかと思う。

青山副知事の退任日、臨時都議会が開かれ、知事は福永氏だけを再任する人事案を提案した。福永氏は、知事が労組や議会とトラブルになった時の尻拭き役だっただけに、手放せないのはよく分かる。

だが、青山氏は手放した。

私は、これを青島時代の政策への訣別と解釈している。果たしてそれができるかどうかは別にして、形の上ではそうだろう。トラブルの後始末は必要だが、青島の政策は要らない――というメッセージを発しているように、外形上は見えるのである。

「青」の時代に別れを告げた石原都政が、どんな時代を切り開けるのか。

真価が問われるのは、むしろ2期目なのだろう。

後悔先に立つ

（２００４年3月号掲載）

悔いることの多い人生を送ってきたせいか、あの時こうしておけばよかったとか、しなければよかったと思うことが、よくある。だが、するかしないかを決めたのは自分自身なのだから、責めを負うのも自分でしかない。

不思議な文書を見た。

〝ああしなければ、こうなる〟というのが明記してあった。それは、これからドーンとやるぞというのを発表した文書だったから、余計に奇異な感じがした。華々しく発表したその日から、後悔が始まっているようなものだ。

その文書とは、東京都の２００４年度当初予算の原案だ。石原慎太郎知事が公約にしていた新銀行設立のため、出資金の１０００億円が、気前よく盛り込まれた。

１０００億円と言えば、都民1人当たり1万円弱の負担である。もし、

「これから銀行を作るから、1人1万円ずつを出すように」

と言われて、応じる都民が何人いるか知らないが、そこは公金の拠出だけにある意味簡単だ。3月定例都議会で予算案が可決されれば、ゴーサインが出る。

１０００億円のうち、７００億円は都債で賄うことになった。だが、その発表の仕方がどうにも不思議なのだ。財務局がまとめた「予算（原案）の概要」には、都債について説明する項目が設け

である。都の起債依存度が8・5%なのを、地方財政計画の16・7%、国の44・6%と比較して、「かなり低い水準にとどまっています」と、胸を張っているあたりまではいい。ところが、内訳のところには、なぜか「新銀行に対する出資債」と「その他の都債」が分けてあった。都債全体では、前年度比11・0%もの増加だが、新銀行の分を除けば5・1%減。プラス・マイナスの逆転が、一目瞭然で分かる。これではまるで「新銀行がなければ借金を圧縮できた」と言っているようなものだ。

それだけではない。さらに「経常経費」についての項目を見ると、「その他の経常経費」は前年度比310億円増（1・6%増）としているのだが、これにもわざわざ「新銀行に対する出資金を除いた経常経費」というのを付記していて、そこには前年度比690億円減（3・6%減）とある。これまた「新銀行がなければ経常経費の削減で、財政の硬直が緩和できた」と言わんばかりだ。

ある特定の巨額事業を抜き出して、「これさえなければ」と金額を示した予算説明書を、私は見たことがない。

「公金の元締めたる主計部のせめてもの良心だろうか」と、ある幹部職員はいぶかる。

新銀行については、実は庁内で「必要性があるのか」との批判が強い。

「官が民業に乗り出す愚は臨海副都心開発の破綻で懲りたはずだ。しかも既存の銀行がしのぎを削っている中に分け入っていく危険はないのか」

「知事は『無能な金融機関が融資しないから、技術力があるのに困っている企業を救済する』と言っているが、既存の中小企業制度融資の工夫や、金融機関への働きかけでできることはないのか」

「新銀行は『無担保で最大5000万円までスピード融資、最長7年までの返済』としているが、スピード融資で企業の技術力なんて判断できない。しかも無担保だから、7年後には不良債権の山になる恐れもある」

こんな声がそこかしこから聞こえてくるのだ。

「新銀行は、都が50%以上の出資をして主導権を握る第三セクターだから、万一の場合は責任が生じる。税で破綻処理をしなければならないかもしれない」と危惧する幹部職員さえいる。

「これがなければ」という但し書きのついた来年度の予算説明書は、あくまで1000億円の範囲内の影響しか記していない。

「かつて、これさえなかったら」という予算説明が何年か後に作成されるとすれば、その時の影響額は1000億円で済まないだろう。後悔先に立たず。いや、既に立っているぐらいなら……。

舵切り、せず

（2004年8月号掲載）


「人事」は、最大の政策である。

　とは、これまで何度も述べてきたことだが、6月定例都議会で選任同意された特別職人事ほど、2期目の石原都政を方向付けるものはないだろう。

　同意されたのは、知事の国会議員時代からの秘書で、第二副知事だった浜渦武生氏の続投。青島幸男前知事の時代から空席だった第四副知事に、大塚俊郎・出納長の起用。その後任の出納長に櫻井巖・財務局長。横山洋吉・教育長は続投、という布陣である。

　一応、他の副知事についても触れておくと、筆頭副知事の福永正通氏は昨年の知事再選後、臨時議会で続投の提案をしたが、理解が得られず、一呼吸置いて次の議会で同意された。第三副知事の警察庁キャリア・竹花豊氏が招かれたのは、この時だった。

　こうして書くと、どうもごちゃごちゃして仕方がない。

　副知事人事が二度に分かれたのは、浜渦氏が原因だ。石原知事は99年の初当選後、すぐに副知事に据えようとしたのだが、過去の暴力事件などで資質を疑う声が噴出し、同意は1年遅れとなった。今回の続投も、自民党には嫌う声があった。浜渦氏に対しては、そもそも再選後の知事自身が距離を置いていたとされ、庁内では「天下り先」が実名入りで話題になったり、代わりの副知事に秘書の誰が選ばれるかが取り沙汰されたりもした。しかし、知事は何事もなかったかのように続投を提案し、自民もすんなりと通した。

第四副知事の大塚氏は、知事お気に入りで、主税局長の時に、大手銀行狙い撃ちの外形標準課税を進言した人物である。定年を延長して局長にとどまり、前出納長が任期半ばで辞任した後に抜擢された。出納長時代には、支出チェックという本来の職責より、巨額支出を伴う新銀行創設に奔走し、陣頭指揮で準備室開設に持ち込んだ。

横山教育長については、「思想的には右派でもバランス感覚のある人」と言われていた。ところが、このところの君が代・日の丸問題では、教員の大量処分に踏み切っただけでなく、児童・生徒が起立しなかった場合の担任教諭の処分、子供への指導の職務命令化、従わない教員の研修などと、都政史上かつてない豪腕ぶりだ。

と、ここまで書くと、今後の石原都政が透けて見えてきそうだが、要するにこれまでの路線が強化されただけだった。これ以上、政策の幅が狭くならねばいいが、と不安になる。

「石原都政は停滞している」

職員達は、よくこう漏らす。新鮮で共感を呼ぶような施策が目につかないからだ。外からの印象とは逆に、自分から知恵を出そうという意欲を持つ職員は少ない。ピリピリしているだけで、マスコミで話題になる施策以外は適当に済ましているのが実情だろう。

庁内を歩くと、どんよりとした雰囲気にうんざりすることがある。

その意味では、今回の人事は人心の一新を図る機会だったのかもしれない。が、知事の選択は「現状維持」と強化だった。

気に入った人材を側近で使い回すのは知事の定番だ。それは性格によるところが大きいのだろうが、新陳代謝が進まず、停滞につながる面もある。

結果的に今回のような2期目の転換点でも舵を

切れなかった。

議会の反応はシビアだった。

浜渦副知事の続投については、民主の一部が造反して反対。共産、生活者ネットが会派として反対したほか、一人会派からも反対者が出た。

大塚副知事に対しては、共産と一人会派の一部が反対。

横山教育長には、共産、生活者ネット、一人会派の一部が反対した。

浜渦氏には、自民にも「心は反対」という議員がかなりいて、諸手を挙げて、というわけではない。

こうした議会のメッセージを知事はどう受け取ったのだろうか。諫言と噛みしめたか、それとも意に介さなかったか……。一度振り返る機会となったかどうかも含めて、石原政権の転換点だった。

「課題」の認識（2006年2月号掲載）

ある県でのことだ。

アスベストの規制条例を独自に制定したというので、話を聞いていた。

「これは権利制限を伴う条例ですから、当然のこととしてパブリックコメントにかけました」

担当者に淡々とこう言われ、不覚にも「爽やかな感じ」を受けてしまった。その担当者が言う通り、確かに当然のことなのだから、まったく驚くことはない。

ところが、日常的に都庁で取材をしていると、こうした言葉がなぜか新鮮に聞こえてしまう。あまり言うと、また都庁の皆さんを不快にさせるかもしれないが、ここ何年かの都庁はそれほど「多くの人の意見を聴く」ことに熱意をなくしてしまった。批判や耳障りの悪い話は特に聴たがらない。

　とはいえ、都庁でも時々は「パブリックコメント」という言葉を用いて都民意見を聴いている。だが、要綱などの全庁的な指針はなく、それぞれの担当に任されているのが実情だ。つまり、制度として担保されているものではなく、聴くのも聴かないのも担当次第、というよりは「上」の顔色次第なのかもしれない。

　この制度化については、どちらかというと都議会の方が熱心だ。

　例えば、財政委員会は２０００年、福井県で制度化されたばかりのパブリックコメント制度を視察して報告書をまとめている。自民党の超有力議員が主導した「行財政改革基本問題特別委員会」も、２００４年９月にまとめた調査報告書に「住民自治の活性化」という項目を設け、「パブリックコメントの手法などをより広範に活用するとともに、住民との協働を一層進めることが求められる」と記した。

　だが、この特別委員会報告から1年以上経った今も、都庁では制度化に向けた動きはない。

　先般の12月都議会で、地域政党の生活者ネットがこの点を質したところ、「都ではこれまでも各局の事業の中間段階の公表などを行っている」など、そっけない答弁だった。最大会派を中心とした議会挙げての問題提起も、弱小会派の提案も、一貫して容れないのは大したものだ。「御意見無用」という言葉まで頭をよぎる。

　全国では、40ほどの道府県が要綱や指針を定めて制度化している。

　ざっと内容を見てみると、長期計画など自治体の基本的な方向性を決める場合や、権利制限・義務について定める場合に実施するよう規定しているところが多い。他にも、広く住民が使う施設の基本計画を作る場合、附属機関などが答申や報告書をまとめる場合、大規模公共事業やその事前評価を行う場合、政策評価を行う場合……と、県によって様々な分野を「パブリックコメントを行わなければならない」対象として規定している。

　冒頭で触れた「ある県」では、アスベスト規制条例の策定作業が実質1カ月ほどしかなく、要綱がなければ飛ばしてしまったかもしれなかった。が、そこは要綱の縛りが大きかった。「爽やかな」感じがしたのには、実はもう少し理由があって、バタバタとした手続でも寄せられた意見はきちんと一つの条項にまとめたからだった。

それは、アスベスト吹きつけ材を使用している建築物については、県がきちんと台帳を作っておいて、地震などの災害があった時には、すぐに近隣に情報提供するという項目だ。これは条例の「売り」になっている。

ところで、パブリックコメント制度は、２００５年６月に行政手続法が改正され、「意見公募手続」として法制化された。残念ながら、都も検討せざるを得ない状況に追い込まれている。

ただし、件の生活者ネットに対する答弁では「検討すべき課題と認識している」というだけだった。素直に「検討する」のではなく、「課題の認識」でしかないところが味噌なのだろう。

なにかとややこしい役所だと、毎度のことながら、ため息が出る。

「見込み違い」と都知事選

（２００６年10月号掲載）

「都税収入が予算額より2年で1兆円も多かったんだから、あの時期を逃しては巨大事業をできなかった」

ある政治家がこんな話をしていた。バブル経済のことだ。確かに都税収入は左うちわだった。１９８７年度の決算額は予算額より７０６５億円も多く、翌88年度は３７５４億円も超過した。合わせて1兆８００億円強もの収入が〝予想に反して〟あったことになる。

都はこの時期に、臨海副都心や都営地下鉄12号線（大江戸線）などの大規模開発へ一気に乗り出して巨額の借金を抱え、今もなお傷が癒えたとは言えない。

ウハウハのバブル経済も、弾けてみると、それを上回る「負の見込み違い」に襲われただけだった。今度は税収が見込額を大幅に下回ったのだ。90年度に３１１６億円も足りなかったのをはじめとして、以後は２０３４億円、５７９７億円、２５０９億円、１１６９億円と、毎年度信じられないほどの見込み不足が続いてゆく。

都税収入が過去最高を記録したのは、91年度の４兆８４９４億円だった。だが、その時には既に「負の見込み違い」で巨額の予算不足が生じていた。このころ都庁は2年連続で5兆円を超える税収を見込んでいたのである。

予算上の税収見込みは、減らしても減らしても現実に追いつかなかった。それは時代の変化にリアルタイムではついていけない都庁の現状を物語っていると言えなくもないだろう。

こうして都税収入の予算と決算の乖離を並べてみると、経済情勢が大きく変わった時に「見込み違い」が発生していることが分かる。消費税率の２%引き上げで景気が冷え込んだ翌年の98年度には３６３７億円が不足。ＩＴバブルの翌年の２０００年度には３６０５億円が超過という具合である。

そしてこの「見込み違い額」を、バブル期以降の知事選に重ねてみると、ある傾向が透けて見える。続けて１０００億円を超える見込み不足があった時には、政変が起こっているからだ。行政が大きな負の見込み違いをする時には、知らず知らず世論もストレスを感じているのかもしれない。

鈴木4選時は、前年度に３０００億円を超える不足があったものの、その前の年に不足に転じたばかりで、額も８０８億円だった。鈴木氏は自民分裂選挙の中を、元ＮＨＫキャスター・磯村尚徳氏に競り勝った。

だが、鈴木氏の四期目は毎年度１０００億円を超える見込み不足が生じ、4年間で計1兆円を超えた。鈴木氏の引退後に当選したのは、大方の予想を裏切って青島幸男氏だった。

青島氏は1期で引退するが、後半2年の見込み不足額は１１９４億円、３６３７億円と巨額だった。後任には政界引退していた石原慎太郎氏が大混戦を勝ち抜いて就任した。

石原氏の1期目は幸運なことに、ＩＴバブルでプラスの見込み違いはあったものの、１００億円台の〝誤差〟で収まった年が2年間もあった。過去20年で誤差が１００億円台だったのは、この時を置いて他にない。石原氏は過去最高の３０８万票で再選された。

こうして見ると、大きな負の誤差で政変、誤差僅少なら高得票再選と、科学的には証明しにくいが、興味深い。

さて、現在の石原氏の2期目は、また巨額の見込み違いが続いている。いずれも予算の見込みを上回っているので深刻さは伴わないものの、２００４年度は３３２３億円、05年度は３４８８億円のプラスとバブル期に迫る勢いだ。勝ち組経済による大都市の景気拡大が、都庁の見込みを上回っているせいだろうが、田舎では破綻寸前の自治体ばかりなのと比べると、何とも複雑な数字だ。都は、銀行設立に１０００億円、五輪開催のための基金に１０００億円と、巨額の財政投入を続けている。

来年は知事選。負の見込み違いは続いていない。現知事が出馬するなら、ラッキーボーイと言えるのだろうか。

◈第3章　石原慎太郎〈第3期〉

再起動のある種不可解な「空気」
（２００７年8月号掲載）

正直に言って、ガッカリした。

何を出してくるんだろうと、柄にもなく少しだけ期待していたからだ。

石原慎太郎知事の所信表明である。

3選を目指した選挙のキャッチフレーズは「東京再起動」だった。自らの行動への反省に加え、都政を初心に戻って動かしていくという宣言だった。少なくとも、そう有権者は理解していた。となれば、再起動への筋道は、まず任期最初の所信表明演説で都議会に表明し、都民と約束をしなければならない。

3期目の任期は4月23日からだ。5月に開かれた臨時議会は、副知事を選任するためのものだったから、本格的な議会としては6月の定例会が初めてとなる。初日の知事所信表明演説は、再起動への意欲と具体的な方策を示す大舞台となるはずだった。

ところが、演説では都政の何を再起動させるか、そして自らがどう再起動するかの表明はなく、私にはいつものけだるい定例議会の延長にしか見えなかった。

知事選で争点になった公約については、少なくとも今後の対応を入れておかなければならなかったと思う。しかし、中学生までの医療費無料化や築地市場の豊洲移転、低所得者への都税減免には言及もなし。都政最大の問題となっている新銀行東京の経営難については、「最後に都政の直近の動きについて申し上げます」として、銀行が「先日」発表した内容のごく概略に触れただけだった。

代わりに多くを占めていたのは、これまで言ってきたことばかりだ。

「同じことを繰り返していただけですね。すでに世間に伝わっていることを何度も言っていた。発信力はもはや、ないのでは……」

ある幹部職員は、ガッカリした様子だった。別の幹部の評価も厳しい。

「あれじゃ、再起動の意味が分からない。なんだか自慢話の羅列にしか聞こえなかった」

彼らはことさら知事を批判してきた職員ではない。ごく常識的に振る舞い、知事の重要施策の形成に骨身を惜しまず働いてきた連中だ。そうした職員から、このような評価が出るのは非常に危機的である。

演説の中には、現状認識が間違っているのではないかと思われるような箇所もあった。

例えば、東京と地方の格差については「国が地方交付税の蛇口を一方的に閉めておきながら、抜本的な税源移譲をまったく行おうとしないことに起因しているに過ぎません」と言い切った。だが、交付税を減らして税源移譲をしても、格差は埋まらない。地方が疲弊しているのは、税源たる法人や個人が極端に減り、都市に流出しているからだ。移譲されても税源がないから、交付税が減った分は、直に財政を直撃する。一方、税源は移譲されればされるほど東京が潤う。政府や都が、日本の〝ダイナモ〟たる東京へ、企業や人材の集中を進めてきた結果である。

苦境に立たされている自治体は辺境ほど多い。しかも、こうした地区の維持は人口割にするとコスト高だ。では、なくしてしまえばいいのか。しかし辺境が担っている機能は、都市の水源涵養であったり、食料供給であったり、二酸化炭素を吸収する山林の維持であったりと、実は都市が活動していくうえでの生命線である。

所信表明は、職員が原案を書き、それに知事が手を入れるというやり方をしている。それだけに、職員のサイドできちんと調査しておかなければ、知事の個性とあいまってとんだメッセージを発信しかねない危険性がある。

知事は、今回の演説の冒頭で「我が国には、ある種不可解な『空気』が漂い始めているように思えてなりません」と述べた。同感である。

ただし、その空気に覆われるのが都庁ではないよう、あえて今回は憎まれ役を買って、諫言申し上げたい。

五輪の景気変動リスク（2007年12月号掲載）

自治体と言えば、全国どこでも共通の話題や認識があるものだと思っていた。それがどうも違うと気づいたのは最近のことだ。

たとえば財政。都は今年度、初めて都税収入が5兆円を上回りそうだという。バブル期にも越えられなかった壁をついに越えられるかもしれない。

一方、ちょっと田舎に行けば、地方交付税の動向次第では来年度にも財政破綻しそうな町村ばかりだ。「年に5万円ほどしか残業代が払えないからサービス残業が普通になってしまった」という村もある。

とても同じ国とは思えない。

バブル期を超える〝富裕〟状態の東京都では、五輪招致が都政の最大の関心事と言っていい。もし2009年の招致合戦を勝ち抜けば、16年に開催することになる。それには、施設や都市インフラを整備しなければならない。

昨年の都の発表によると、施設整備はメーンスタジアム、選手村、メディアセンターを建設することになっている。締めて概算で4956億円也。都の負担は453億円といい、「それほど」かからない計算にしてある。なぜかというと、スタジアムは国の半額補助を当て込み、選手村とメディアセンターは民間事業者の建設を目論んでいるからだ。スタジアム以外は祭の後、建設事業者が分譲住宅やコンベンションホールなどに転用するという想定だ。

ところが、スタジアムは国が補助しないと言い出したので、独力で算段をしなければならなくなっている。ただし、都の支出額も含めた財政フレームは変わるわけではないという。民間事業者に出してもらう仕組みを考えるということのようだ。

５兆円の都税収入を生み出す経済都市ならではの発想だ。

私はへそが曲がっているせいか、民間が出すから安くあがるなどという理屈を聞くと、なんとなく不安になる。というのも、都には痛い失敗例があるからだ。臨海副都心である。

進出事業者の地代収入で開発費を賄うというバブル期らしい発想で計画を立てた。ところがバブルは崩壊し、民間事業者は相次いで撤退した。そのため財政フレームはあえなく破綻し、あの手この手で都費を注入するなどした。

都税収入がバブル後に最も落ちたのは１９９４年の約3兆８６００万円だ。一時は予算で5兆円を超える都税収入を見込んだりしていたのだから、激しい落ち込み方だった。原因は企業収益が直結する法人２税。景気変動で乱高下するから、いい時はいいが、一気に悪化することもある。ほんの10年ほど前には、財政破綻するかもしれないと、真顔で心配していた職員がいたほどだ。臨海副都心では、そのような時に民間事業者がつれなく見限ったのだから、たまらなかった。

東京五輪は開催されるなら10年後。景気に一波乱あってもおかしくない。そのときに民間事業者は責任を持って施設整備に付き合ってくれるか。

一方、都市インフラの整備は都費が前提だろう。法人２税の乱高下体質を考えると、10年先までの「負担予約」はどうも危なっかしく思える。

都以外にも、会場となる施設の所有者には、改修の負担が生じる。

都は現在、五輪の支出に備えて毎年１０００億円を積み立てており、計４０００億円の基金にする計画だ。だが、これで足りるかどうかは分からない。招致できなければ、まるまる貯金になるものの、招致決定後に景気が落ち込んで一般財源が危機に瀕した時、五輪のためだからと基金を施設整備に注ぎ込めるかどうか。

景気次第では、都も数年で辺境の自治体と同じような状態にならないとも限らない税収構造なのである。

というようなことは、誰も心配してはいないのか。景気変動リスクに対応する準備がもっと必要なのではないか。庁内でいろいろと聞いてみたが、「天が落ちるようなことを言うな」と、白い目で見られただけだった。

杞憂であってほしい。

また、他人のせい？

（２００８年５月号掲載）

「本当にうまく行くと思ってるんだろうか」

よくそんな会話をしたのを覚えている。新銀行東京の設立準備をしていたころの都庁内だ。

そのころ多くの職員が「早晩赤字まみれになるだろう」と感じていた。

「ノウハウもないのに、赤字や債務超過の中小企業に無担保スピード融資をして銀行が持つわけがない」という理由だった。設立準備を進めていた部門では、優良貸し付け先の黒字が赤字を上回るから心配には及ばないと説明をしていたが、「そんな魔法のような話があるのか」と庁内では首をかしげる人が多かった。内情を知る職員のうちからも「優良貸付先は信金に紹介してもらう計画になっている。甘いにもほどがある」という声が漏れている。

という体たらくだっただけに、発足前に庁内で最も話題になっていたのは幕の引き方だった。「最後はどこかの銀行に引き取ってもらうしかない」というシナリオがささやかれていた。

果たして銀行の行く末は、庁内の噂通りになった。噂が外れていたのは、引き取り手がなかったことだ。

現在の新銀行東京は、赤字が１０００億円ほどに膨れ上がり、当初出資した１０００億円は食い潰した状態にある。これから経営を続けるには、さらに資金注入が必要とされ、急遽４００億円を追加出資する議案が都議会に提案された。

ただし、この４００億円の出資についても、都庁内では「事業モデルが間違っているのだから経営改善にはつながらない。傷を深くしないうちに撤退すべきだ」という意見が強い。

これまで、ほぼ庁内の噂通りに進んできたことを考えると、なかなか傾聴に値する「声」である。

ところが、知事の主張は異なっている。

「計画等は結果としていずれも目標通りには達成できてはおりません。これは旧経営陣の非常識な事業運営などにより達成が困難になったものであります」(議会答弁)。つまり、事業モデルは間違っていないのに、旧経営陣の乱脈が行き詰まらせたというのだ。しかし、私の知っている専門家の間では、事業モデルにこそ無理があるという見方が強い。どちらが正しいのか。

知事もそれほど自信があるならば、他人のせいにしないで、自身で経営してはいかがか。ぜひ自身の手で責任を持って黒字化し、追加出資分を含めた１４００億円を都に戻してほしい。

今回の騒動で、職員を唖然とさせたのは知事が旧経営陣のせいにしたことだ。

だが、これも今回に始まったことではないから、想定の範囲内と言える。他の事業でも、何か問題が起きれば、幹部職員が詰め腹を切らされてきた。

やや性質は違うが、昨年の知事選では四男の厚遇や豪華視察が批判を浴び、厳しい世論にさらされた。知事は一時期、「反省」の言葉を口にしてみたが、選挙が終わると「いわれなきバッシングで苦労した」とマスコミのせいにしてしまった。

４００億円を出すかどうかについては、この原稿が出るころには都議会で結論が出ているだろう。出すにしろ、出さないにしろ、銀行の経営問題はいずれ決着させなければならない。その過程で、また誰かのせいにされるかどうかは知らないが、行く手にあるのは茨の道だけだ。

現在、私が最も心配しているのは、この茨の道ではない。都庁内で知事の求心力が決定的になくなったことだ。

「また他人のせい。ましてや今度は自分が呼んだ民間人の新銀行経営陣です。呆れて物が言えません。こういう人とは一緒に仕事をしたくない。私もいつ腹を切らされるかと思うと、たまらない……」

ある幹部が「言いすぎた」と取り繕いながらも、こう漏らしていた。

人間、誰しも間違えることはある。巨額損失を出すこともあるだろう。だがその時、トップはどう責任を取るべきか。部下になすりつけるだけだとしたら……、組織は崩壊するしかない。

都議選の「新3K」

（2009年7月号掲載）

自民党か、民主党か。

新聞は衆議院の解散総選挙をにらんだ政局記事ばかりだ。これに絡んで7月の都議選も取り上げられているのだが、解散がいつになるかという予測の材料として扱われているに過ぎない。都議選単体で記事にして、何を問う選挙かと論ずる報道はほとんどない。

「破れたポスターを回収して事務所に置いてあったんだけど、たまたまそれを見た記者が誤解してねぇ、私が小沢一郎前代表との連名ポスターをはがして張り替えていると書かれちゃった。確認もしないで書くなんて、どうなってるんだ」

ある民主党都議が信じられない様子で怒っていた。

小沢前代表のゼネコン献金問題で、都議選候補が自分までイメージが悪くなるのを避けるために、ポスターを作り直しているという記事にされたのだ。そんな誤報が平然と流されるほど、政局報道はエスカレートしている。

都議選はこの20年ほどで、選挙結果がどう政局を左右するかという視点で書かれることが多くなった。回を重ねるごとにその傾向が強まっている。

確かに政局に絡むことが多い。

都議選の方が先にあれば、結果が総選挙に影響を与える。総選挙が先ならば、衆院選で勝った政党に有利な風が都議選で吹く。それは暴風にも似た風で、10人や20人の当落は軽く違ってくる。

これが顕著になったのは１９９３年、結党したばかりの日本新党が大量当選した都議選からだ。直後に行われた総選挙でも日本新党が大躍進し、細川護熙内閣が生まれた。

以後、都議選は政局絡みの選挙として描かれるのが定着した。だが、その傾向が強まれば強まるほど、結果が風に左右されやすくなった。メディアが起こす風と、選挙の起こす風が、絡まり合うようにして風速を加速させている。

選挙の在り方としてそれでいいのかと聞くと、おそらく誰もがいいとは答えないだろう。

東京にも「生活」がある。その生活に関わる都政の課題は多い。これを争点として行うのが地方選挙のあるべき姿だ。

話題性のある争点を挙げれば、東京五輪の招致、築地市場の移転、新銀行東京の方向性といった問題がある。これは知事に対してどんなスタンスを取るかの問題に直結する。

他にも、若い夫妻が十分に働けないような保育はどうするのか。介護難民が出たり生活保護者を他県に押しつけたりしている高齢者施策で安心して老いることができるのか。食品の安全はどう担保していくのか。これからも人口や投資を東京に集中させていくのか。それによる自然破壊や異常気象にはどう対応するのか……。こうしてピックアップするだけでも書き切れないほどのテーマがある。

だが、そうした「東京問題」を真剣に考え、誰に代弁してもらうかを選ぶ機会として取り上げる報道は少ない。メディアがやらないなら、せめて候補者自身が行ったらどうか。選挙区ごとに候補者が争点を話し合い、それへの考え方や○×を一覧表にして全員のポスター・パンフレットに刷り込むのだ。そんな話をする機会があったのだが、当事者の反応は極めて薄かった。

七夕選挙と呼ばれる都議選は、毎回梅雨時期に行われ、じめじめとした気候が候補者の体力を著しく奪う。選挙区は面積が狭いにもかかわらず、人口や世帯が多いので活動量は多くなる。きつい、きたない、くるしい。３Ｋが都議選の代名詞だった。

ところが、昨今の都議選は、風向きばかりが重視されるようになった。

風に乗るには、どの政党かもさることながら、顔立ちや肩書が結果を左右する。この「風、顔、肩書」を、私は都議選の新３Ｋと皮肉っている。という話をすると、候補者は誰もが「その通りだ」と賛意を示してくれる。「政策を戦わせているのに失礼な」。そう怒る人がないのは、少し寂しい。

「負け都市」の幕の引き方

（２００９年12月号掲載）

「負けるなら2位で」というのが目標だとされてきた２０１６年の五輪招致は、東京都が４都市中3位で負けた。

「オバマ大統領が演説に駆けつけたシカゴより上位だったのだから救われた」という声の一方で、「決戦にさえ残れなかった」と肩を落とす声もあり、庁内の評価は様々だ。ただ、私の知る範囲では「まあ予想通りなんじゃないか。ようやく終わったね」と淡々としているというか、他人事の職員が多かった。

「なぜ、東京なのか」という理念は、庁内でも最後まで理解されなかった。

招致を表明した当初の石原慎太郎知事は「オリ

ンピック開催を起爆剤として日本を覆う閉塞感を打破する」と語っていた。だが、途中で「平和」を基軸に据えるべきだと言ってみたり、「かつての東京五輪のような感動を子供達に与えたい」という言い方をしたり、最後は「環境」という売り文句を入れたりして、一貫性がなかった。そもそも教育族の国会議員が国立競技場を建て直す口実にしたいがために都に招致を持ち込んだ、というような「噂」もあった。

負けが決まると、一斉にメディアは叩き始めた。矢面に立っているのは招致の先頭に立った石原知事である。

だが、五輪招致の敗退は、首長の責任論に止まらない影響を及ぼす。次第に、「都市の力」そのものが否定されたような気になってくるからだ。

これには前例がある。

例えば名古屋。１９８1年に、88年の五輪招致でソウルに大敗した。「当確」を信じていた名古屋市や愛知県、中部経済界にとっては「予想外の結果」で、自信喪失につながった。それを打開するためもあったと言われているのだが、ソウル五輪が開催された88年、当時の愛知県知事は万博誘致を表明した。

同県はまるで「都市の力」の獲得に飢えたかのように開発を進めた。万博だけでなく、中部新国際空港、リニア中央新幹線、第二東名・名神道の建設や誘致である。これは「3点セットプラスワン」と言われた。

果たして愛知万博は97年、博覧会国際事務局総会でカナダに52対27で圧勝し、２００5年の開催が決まった。この票数は奇しくも名古屋がソウルに敗れたのと同数で、雪辱は四半世紀の時をかけて成し遂げられたのだった。

次に破れたのは大阪である。01年、08年の五輪招致で最下位に終わり、北京での開催が決まった。都市としての大阪の地盤沈下は既に顕著になっており、招致失敗はそれに拍車をかけた。北京が五輪開催を契機に都市としての力を飛躍的に伸ばしたのとは対照的だった。大阪の自信は、今なお回復されていないように思える。

さて、東京都。招致できると思っていた人が少なかったせいもあって、敗退のショックはそれほどない。名古屋や大阪と比べると最も傷が小さかった。

知事の責任やら、招致活動の弱さやら、経費の使い道やらが問題視されているが、そもそもは「閉塞感の打破」程度の招致理由だったのである。にもかかわらず、東京の都市としての魅力がなかったから選ばれなかったのだという感情論が頭をもたげないだろうか。「知事が負け犬の遠吠えのようにして、開催決定したリオデジャネイロ批判をするから、余計に惨めさが募る」と話す職員もいる。

そうした雰囲気が蔓延すると、政治や行政サイドの人間は「次の旗」を掲げなければならないと考えやすい。愛知がそうであったように、である。

今期での引退が確実視されている石原知事自身も、何か次の旗を掲げなければマイナスイメージで終わってしまうと言われている。「負け都市」のマインドを引きずるようならば、1年半後の知事選では、「復権の起爆剤」を掲げる候補の争いになるだろう。

しかし、都市のプライドを回復するために仕掛けられるような事業は、事業として無理が生じないだろうか。

私は常々、五輪招致は負け方が重要だと言ってきた。心に傷を残さないような幕の引き方である。せめて笑い飛ばすぐらいの度量が欲しいものだ。

減収1兆円（2010年1月号掲載）

不安が現実になった。

2009年度の都税収が、たった1年で1兆円以上減りそうなのだ。

1兆円と言えば、どれくらいの額なのか。他の自治体で見ると、1兆円以上の財政規模を持つ道府県は10ほどしかない。つまり、大方の府県の１年分の歳入がまるまる吹き飛んでしまうほどの減収になる。

都が11月に発表した歳入見込みによると、09年度の都税総額は約４兆２６００億円になるという。08年度の決算額は約５兆２８００億円だったから、約１兆２００億円も減る計算だ。

都税の減収幅が、かつて最も大きかったのは１９９１年度から92年度にかけての約４７００億円だった。あのバブル崩壊時ですら減収幅は５０００億円に満たなかったのだから、今回がどれほど深刻であるか分かるだろう。

そのバブル崩壊時、都税は91年度から94年度までの３年間で約９９００億円の減収に見舞われた。今回は、この「魔の３年間」を超える減収が、単年度で襲うのである。都政は空前の危機と言わざるを得ない。

なぜこんなことになったのか。

原因はこれまで指摘してきたように、都の基幹税である法人２税の下落だ。この税には景気動向を敏感に反映する構造があり、いい時には急伸するものの、悪くなれば一気に落ちる。

詳しく見てみよう。都の発表によると、09年度の法人２税は約１兆３２００億円の見込みだ。08年度の約２兆３８００億円からすると、１兆６００億円もの減収になる。法人２税の減収がそのまま都税全体の減収に結びついたと言っていい。

一方、法人２税以外の都税は、前年度比で約４００億円の増となりそうだ。これは不動産の取り引きが活発だった好況時の名残で、固定資産税が増えるなどした結果なのだが、そんな増収は吹き飛ばしてしまうほど、法人２税の減収は激しかった。

振り返れば、バブル崩壊後の都税は、法人２税の増減に悩まされてきた。それは、まるでジェットコースターのような乱高下だった。まず、「魔の３年間」は毎年度10％台の下落が続いた。景気が一時的に持ち直した96年度には反転し、28％も増えている。ところが、その後３年間は橋本行革（龍太郎元首相）による冷え込みで、また下落した。

2000年度にはITバブルの到来で18％も増えた。しかし、このバブルは一過性に終わり、再び10％以上の減収が襲う。そして04年度からは、都市部だけに訪れた好況のため、10％以上の増収が3年間続いた。都税はバブル期を抜く増収となり、都税総額は07年度、過去最高の約5兆5100億円を記録した。余計なことながら、この時期に持ち上がったのが、東京への五輪招致だった。

栄華はやはり長続きしなかった。

08年後半に発生した米国発の世界同時不況で、企業の収益は軒並みダウンした。直近の好況を牽引した金融業や不動産業から米国の影響を受けたため、ひとたまりもなかった。

こうした時期の歳入担当職員には同情を禁じ得ない。そもそもバブル期以降、都税収入は予算上の見積もりが当たらなくなっている。あらかじめ厳しさが予想された09年度は、前年度比で約5000億円もの減収を見込んでいたのだが、さらに5000億円も下回る結果となった。

「大口法人へのヒアリングやシンクタンクの予測をもとに統計学的な手法も用いて分析しているのですが、それを上回る景気後退でした。株価の急落で特別損失が増え、経常収益ベースでは黒字でも最終利益が赤字になった法人が結構多かった。為替の動向でも収益が違ってくるので非常に難しい」と栗原哲治歳入課長は唇をかみしめる。

さて、この減収はいつまで続くのか。誰にも分からないのが実情だ。回復するのかどうかさえ判然としない。だが、景気低迷期にこそ行政の役割は増す。「この時のために」と貯めた基金はあるものの、底をつくまでに景気が循環することを願うばかりだ。

◈第4章　石原慎太郎〈第4期〉

震災が決めた知事

（２０１１年6月号掲載）

都知事選で予想通り石原慎太郎知事が4選を果たした。２６１万５１２０票。次点の東国原英夫・元宮崎県知事は１６９万６６９票だったので、90万票以上の差が開いたことになる。

前回、石原知事は２８１万１４８６票で、次点の浅野史郎・元宮城県知事は１６９万３３２３票だった。石原知事は20万票も減らしたが、次点は奇しくもほぼ同じ票数になった。

石原知事の得票をさかのぼると、初当選の時は１６６万４５５８票で、今回の東国原氏や前回の浅野氏程度しかなかった。が、この時は団子6兄弟などと言われ、著名候補がひしめく中での戦いだったので、この程度でもよくとれたと言われた。再選時は３０８万７１９０票と一気に増やすのだが、この票数が知事を裸の王様にしてしまう恐れがあり、果たして良かったのか悪かったのかと、この連載で書いた覚えがある。果たしてその後の石原知事はいくつかの政策的なミスをして、財政にも穴を開けた。そのせいなのか、それとも少し飽きられたのか、3選、4選とじわじわ票を減らした。

今回は、出るのか出ないのか、お得意のじらし戦法でなかなか態度を明確にしなかった。新聞は「出馬へ」と書いたかと思うと、「不出馬」とも書き、何でもありの状態だった。

庁内で流れていたのは「出ない。もう気力がない」という説である。職員から見ていても、やる気がないのが見て取れたのだろう。私も職員達と同じく、出る気はないと踏んでいた。本人も後に「１２０％出る気はなかった」と言っている。だが、「不出馬」と新聞が断定した後で、もしかすると出るのではないかという気がした。やや天の邪鬼の気のある人である。そして、何かにつけ美濃部亮吉・元知事をライバル視する石原知事だけに、美濃部3選時のことが思い出された。美濃部氏は2期での勇退を表明していたが、石原氏が出馬するとなるや、多くの団体からの要請を受ける形で翻意した。そして268万8566票を得票し、233万6359票の石原氏を打ち負かした。美濃部氏の得票が今回の石原知事の票に近いのが、なにか因縁めいている。

今回、「出ない」と言われていた石原知事に対して、急浮上したのが松沢成文・神奈川県知事だった。石原知事をはじめとした首都圏の知事がそろって推すという格好で、出馬の枠組みが作られた。ところが松沢氏が出馬会見をした後で、東国原氏や、居酒屋チェーンなどを経営していた渡邉美樹氏らに勝てないという調査結果が出た。「神奈川の知事をわざわざ辞めて都知事に出る理由が分からない」「首都圏連合をやりたいなら、なぜ神奈川を捨てるのか」という酷評を私も多く耳にした。そこで、石原知事が「俺じゃなきゃダメだ」と続投への意欲をちらつかせた。もとより自民党などが重ねて出馬要請をしていたため、最終的にこれを受け入れて出馬を決意する形にした。松沢氏は出馬を取り止めた。

これだけなら選挙の行方は分からなかったろう。告示までのテレビ討論で石原都政の抱える深刻な問題が噴出すれば、集中砲火を浴びてしまう。テレビの行方次第だと私は考えていた。

最終的に選挙を決めたのは、テレビではなく震災だった。3月11日、石原知事が都議会で出馬を表明した直後に震災が起こり、テレビは震災漬けになった。石原知事は予定していた出馬会見を取り止めざるを得なくなったが、テレビ討論もなくなり、派手な選挙運動も自粛ムードになった。知名度で勝負しようとしていた候補にとって、この事態は致命的と言ってもよかった。災害時には現職が有利と言われているものの、空中戦ができなくなった時の著名人候補ほど弱いものはなかった。

ところで、石原都政では地震対策があまり進んでいない。今回の震災での東京の混乱を見れば歴然としている。震災に当選を助けられた知事だけに、どこまで対策に取り組む気があるだろうか、注目しておきたい。

今度は「復興」名目（２０１１年８月号掲載）

「何か派手なことを打ち上げたがっている」と聞いていたから、これもその一つなのだろうか。

２０２０年の五輪を東京に招致するための検討を始めるというのである。石原慎太郎知事が６月定例都議会の所信表明で述べた。

16年の招致に破れはしたものの、４月に４選された時の公約に掲げていたので新しい話ではない。そもそも16年の招致に取り組んだ時も、本命は20年で、どうせ目指すならまず16年に名乗りを挙げてみようと始まったことだから、規定路線と言えばそうなる。

ただし今回、知事は明確に「招致する」と言ってはおらず、微妙な表現だ。議会での所信表明演説をそのまま掲載すると、「１９６４年10月10日、世界中の青空を持ってきたかのような快晴の下、神宮の杜に聖火が灯りました。戦後の焼け野原から立ち上がり、国際社会に復興した姿を示した瞬間でありました。世界史的にもかつてない今回の大震災からの復興は、戦災からの復興にも匹敵する苦難の道程でありましょう。しかし、必ずや立ち直り、９年後の日本の姿を披瀝するならば、世界中から寄せられた友情や励ましへの何よりの返礼となるに違いありません。次代を担う若者に夢と希望を贈るためにも、日本開催を目指す松明を消さずに灯し続けることは、我が国の将来にとって大きな意義があると思います。招致成功には、国やスポーツ界、経済界など国家の総力が結集され、気運が盛り上がることが不可欠であります。都民・国民の皆様にもぜひ被災地をはじめ広く日本全体とスクラムを組んで東京にオリンピック・パラリンピックを再び招致することを、考えていただきたいと思います。招致に向けて、日本が一つになることを強く期待しております」となる。つまり、気運が盛り上がるのが大切なので考えてもらいたい、期待している、というのだ。

「再挑戦を表明した」などと流しているメディアもあるが、所信表明ではそこまで言っておらず、世の批判が強ければ「世論に期待したけれども、やめた」というふうになるのだろうか。

都の五輪招致の名目は、これまで再々変わってきた。

知事は当初、「国威の発揚のため」と語っていたが、「子供たちに夢を見せたい」という言い方もした。最後は「環境」のためとしてIOC総会に臨み、今回は「震災復興」である。これほどコロコロと変わる大義名分をどう理解すればいいのだろうか。

だが、今回の復興というのは、環境より分かりやすい。ただし、同じ復興と言っても、前回の東京五輪と今回では全く様相が違う。

64年の東京五輪は、空襲で焦土となった首都の復興を文字通り示す大会だった。しかし、今回被災したのは東北から関東の太平洋岸で、東京での被害は極めて限定的だ。しかも、現在進行形の福島第一原発事故は、東京に電力を供給するために起きた悲劇である。いわば東京は被害を拡大させる一因になった都市なのだ。

にもかかわらず東京で五輪なのか、東北の復興を東京で示すべきなのか、これから整理して考えなければならないことが少なくない。「五輪？それどころじゃない」と話す被災者と都民の間には相当なギャップがある。

脱原発が叫ばれ、エネルギー消費社会への批判が高まる今、エネルギーをさらに消費してハード整備をし、五輪イベントを催すことへの是非も重要な論点になるだろう。

都は16年の五輪招致のために貯めた約4000億円をそのまま温存している。東京の防災力は非常に脆弱とされているが、基金は防災力強化のためでなく、五輪に使ってしまうのかという議論が起こらないとも限らない。

東北の被災地を歩くと、時々こう言われる。「次に被災するのは東京だね。でも、その時はこんな被害じゃ済まないでしょう」。五輪どころでもなくなるだろう。

二度目の放り投げ
（２０１２年12月号掲載）


石原慎太郎知事が10月25日、臨時記者会見で都知事の辞任を表明した。「任期いっぱいは務めないだろう」と見られていたので、想定の範囲内だ。

80歳。９月末には体調不良を理由に記者会見を休み、「ちょっと血糖値が高くて、だるくて、ちょっと調子悪いんですよ。運動不足みたい」などと述べていたが、10月12日には「とにかく中央官僚のこの国家支配というのをぶち壊さなきゃいかんと思って、やっぱり地方の行政を預かってみると、つくづくそれを感じますけどね。あとは私の年齢と健康ですな。ちょっと大事な診断が下るんで、それをもって是とするなら、私は身を捨てるつもりで、何でもやるつもりでおります」などと国政転出をほのめかしていた。

私が見る限り、飽きっぽい石原氏は１期目から知事という仕事に半ば興味を失っていた。それを反映してか、都庁には週に何日か、午後からしか来なくなった。１期で辞めるのではないかという憶測も流れたほどだった。「さすがに１期だけだとアンチテーゼに位置づけていた青島幸男知事（故人）と同じになってしまう。意地でも２期はやるだろう」と言われていたが……。

現在の４期目について本人は「本当は出馬するつもりはなかった」と何度も口にしている。だからずっと辞める機会をうかがう任期になるのだろうと、都政界では見られていた。

ただ、辞めるには口実が必要だ。しかも前向きな理由でなければならない。とするならば、新党結成と国政への転出は格好の花道である。

石原氏は辞任会見で「これからやろうとしていることは、都知事として14年間やってきたことの延長」と述べ、都で導入したバランスシートを国はなぜ入れないのかと熱っぽく語った。そして文部科学省のゆとり教育を批判し、都独自の認証保育所の成果に言及した。不可能に終わった米軍横田基地の軍民共用空港化についても触れた。

発言内容を丸めて言うと、そうした施策の障害になっていたのは中央官僚で、その官僚支配を打破するため、都民のために国政に戻るというのだ。

だが、その官僚支配については、自ら改革できないから国会議員を放り投げたはずだ。参議院・衆議院と議員を務めた石原氏は1995年4月、在任25年表彰の場で突如辞任を表明した。その時の演説は以下の通りである。

「日本はいまだに国家としての明確な意思表示さえできぬ、男の姿をしながら実は男子としての能力を欠いた、さながら去勢された宦官のような国家になり果てています。それを官僚による政治支配のせいと言うなら、その責任は、それを放置している我々全ての政治家にこそあるのではありませんか。現在の日本国民の政治に対する軽侮と不信は、今日このような表彰を受けたとはいえ、実はいたずらに馬齢を重ねてきただけでしかない、まさにこの私自身の罪科であるということを改めて恥じ入り慚愧するのみであります。それでもなお、かくも長きにわたってこのような私に期待し支持を賜った国民の皆様に、この場をおかりして改めて心より御礼を申し上げ、あわせて深い深い慚愧の念をあらわす次第であります。そして、そのゆえをもって、私は、今日この限りにおいて国会議員を辞職させていただきます」

都知事としての石原氏はどうだったのか。辞任会見で挙げた認証保育所は職員の発案で、福祉施策の分からない石原氏は実質的に動かされただけだった。他にも知事が言い出したことは実現不可能だったために、職員達が知恵を絞って似て非なる施策で取り繕ったものもある。一方、多くの職員の反対を振り切って実現させた新銀行は失敗に終わった。私には都庁という〝官僚組織〟があったからこそ石原都政は沈没しなかったように見える。

そして国政。前回の総選挙で「政治主導」を掲げた民主党は官僚主導にまみれた。果たして官僚支配は打破できるのか。知事職を〝また〟放り出してまで挑戦するのだから注目しておきたい。

〈書き下ろし〉
次第に混迷の様相を深める

「レイジーボーイ」。石原慎太郎知事は自らのことをそう述べたことがある。怠け者という意味である。

飽きやすい性格でもあり、1期目の途中から都政に興味を失ったように見えた。

就任時は「退屈なペーパーは読まない」と言っていた議会答弁も、職員が議員と答弁調整した「ペーパー」を早口で読むだけになっていった。

都庁には次第に出て来なくなった。出勤する時も午後からという場合が多かった。このため当時から新党を結成して国政復帰するのではないかという噂がまことしやかに流れた。

メディア内部では「新党結成」をスクープするのが都庁担当記者の役割だとされるようになっていった。記者側は新党に関するネタがほしい。だが、当の知事はのらりくらりとかわすだけだ。メディアは知事の機嫌を損ねまいと都政批判をしなくなり、知事を持ち上げ続けた。

これが知事の虚像が作られ、固定化された一つの要因だ。

実像は違う。あまり出勤もして来なくなれば、職員は決済が受けられなくなり、行政が回らなくなってしまう。そこで名代を務めたのが浜渦武生・副知事だった。

浜渦氏は、石原氏が衆院議員だった時からの秘書だ。石原氏は知事就任直後に副知事に据えようとしたが、議会が過去の素行や秘書としての実績に疑問を呈し、選任同意の議案を否決した。だが、石原知事は浜渦氏がよほど必要だったと見えて、粘り強く議会に働きかけ、就任から1年2カ月でようやく選任同意議案が可決された。

―「浜渦知事」を切る―

石原氏が都庁に来なくなるに連れて、浜渦氏の権力は強まった。

その原動力になったのは「お手紙」と言われるA4の大きさの紙だ。

職員は知事の判断がなければ身動きが取れない。そこで名代の浜渦氏に「お伺い」を立てるようになった。しかし、大きな組織だけに1人では報告を受けきれない。そこで職員は1枚の紙に要点を書いて提出するようになった。浜渦氏が必要なものだけ選んで局長から話を聞いたり意見を言ったりした。「○」を書いて返せば進めてもいい、「×」は再考してこいというサインだった。この「お手紙」も次第に分厚くなり、滞りがちになった。「紙が下の方にあってはいつ見てもらえるか分からない。順番をこっそり上にあげてきた」などと話す職員もいた。

そうして権力が集中し、「浜渦知事」とまで呼ばれるようになるのだが、石原知事の2期目に辞めざるを得なくなった。

浜渦氏は気に食わない局長を辞めさせようとして、当時の民主党都議に議会でやらせ質問をさせた。これが百条委員会で発覚しただけでなく、同委員会で偽証したとして、都議会で問責決議を可決された。これを受けて石原知事は「泣いて馬謖を斬る」と辞表を提出させて、手離した。

浜渦氏は都の外郭団体に天下りした。ここで院政を敷くのではないかと見られていたが、石原知事は距離を置いた。

――ほころびが続く2期目、やる気が見えない3・4期目――

石原知事の2期目は、浜渦氏の問題以外にも様々なほころびが出た。

都市銀行を狙い撃ちにした外形標準課税、通称「銀行税」だ。1期目に強引に導入し、都民の支持が集まるきっかけの一つになっていた。ところが、銀行側に訴えられ、1・2審とも敗訴し、最高裁へ上告中に突如として和解した。そして徴収した税に還付加算金をつけて返還するという事態となった。訴訟の過程では、都が銀行の問い合わせに嘘をついて銀行税を導入していたことも判明した。

知事は銀行に関しては異様なこだわりを見せた。その後、庁内の多くの反対を押し切って１０００億円を出資し、「新銀行東京」を設立したのだ。この銀行は大方の予想通り赤字経営となり、都は４００億円の追加出資を迫られる。最終的に他銀行に吸収してもらって解散した。

また、若手芸術家支援事業に、名前の売れていない若手美術家の四男を関与させて、「身内重用」と批判された。

家族を連れた海外視察でも高額ホテルに宿泊するなどして「豪華海外視察」と糾弾された。

そうした時に頼りになるのが浜渦氏だったが、側用人として控えていない。石原知事はぐらぐらになったと言われている。

このため3選目の選挙では、低所得者への都民税減免など、空手形のような公約を打ち出して戦わざるを得なくなった。キャッチフレーズの「東京再起動」は、「自身の再起動という意味ではないか」と揶揄される始末だった。

結果として3選は何とか果たした。しかし、一部の公約は事実上撤回せざるを得なくなった。

3期目の石原知事は、誰が見てもやる気を失っていた。

それどころか、「辞める機会を探している」と庁内でささやかれる始末だった。

4選出馬はしないと見られていた。首都圏の知事連合で推す予定だった松沢成文・神奈川県知事が出馬会見までしたものの、調査会社の調べで票が取れないと分かり、自身が出馬した。

―― 敗戦処理の時間が長くかかった ――

石原氏が4選出馬の会見をしたのは2011年3月11日、東日本大震災が起きた日だ。東京でも千代田区の九段会館の天井の一部が落ちるなどして6人が亡くなった。

東北の太平洋岸に押し寄せた津波は多くのまちを呑み込んだ。福島県の原発事故では、東京にも放射性物質を含んだ放射性雲（プルーム）が飛来して汚染された。都内では物資やガソリンが不足し、計画停電が始まった。混乱の中での選挙となったが、こうした時には現職が強い。

石原氏は難なく4選を果たしたものの、都庁内の誰もが任期を全うするとは思っていなかった。案の定、4期目の1年半で辞表を提出し、「太陽の党」を結成して衆院議員に転出した。

石原都政時代は、良くも悪くも美濃部都政が意識された。美濃部3選時に石原知事が戦いを挑んで破れた因縁の相手である。

このため、初期には国に対して物を言ったり、先進的な施策を展開することに力が注がれた。「銀行税」は美濃部都政でも検討された案だった。当時は訴訟になって負ける。そうなれば、せっかく徴収した税も利子を付けて返さなければならなくなるというところまでシミュレーションされた。このため美濃部都政では断念したが、あえて石原都政では導入した。

この辺の依怙地(いこじ)さというか熱意が、石原都政のカラーだろう。しかし、実際にはその敗戦処理に費やした時間や、停滞した期間の方が長かったと振り返る職員が少なくない。

◈第5章　猪瀬直樹

2、3年で替えない知事

（2013年3月号掲載）

就任間もないのに、早くも再選出馬宣言なのだろうかと驚いた。

本当はそういう発言ではないのだが、2期、3期続けなければ実現できない。猪瀬直樹・新知事の定例記者会見を聞いていて、そう思った。

発言がなされた経緯はこうだ。

知事は特別秘書に産経新聞の記者を採用した。石原慎太郎前知事の在任中、都庁のクラブに長期間所属していて、与党的な立場を貫いた記者だ。

その彼を採用した理由を問われて、「13年半の石原都政で10年以上担当した。何年前のどの政策がどうだった。その時に誰がいた。そういうことをきちんと記憶している人間が必要だ。それで僕の方からお願いした。産経だけがスクープすることは絶対にない。100％約束する。公平無私でやると確認した。都政の改革のために手伝ってくれということだ」と説明した。そして「2年3年で替わる」他社のクラブ記者人事を批判した。

都庁クラブに限らず、東京では多くの記者クラブで担当記者が1～3年で替わる。

こうした異動が行われてきたのは、いくつかの理由がある。まず、何年も同じ担当だと飽きてしまう。ネタ元との癒着も生じ、手心を加えたり、問題を書かなかったりする。悪くすれば当局に有利になるよう他社の記者に工作することまである。逆に担当者を替えて新しい目で見させると、思ってもみなかったような問題点を浮かび上がらせることがある。

サラリーマン時代にいくつもの記者クラブに属した私なりの解釈である。

ただ、猪瀬知事が指摘するような問題点も確かにあって、担当記者が替われば当局は一から説明しなければならない。長い目では追いかけられない。

知事は、当の質問をした記者に対して「都庁詰めは何年か」と尋ね、この記者が都庁担当になって挨拶に来た時に「また替わるのかよ」と苦言を呈したのだと述べた。

猪瀬知事の批判は職員異動にも及び、捕鯨の国際会議では、政府の同じ官僚が13年間担当したという話を引き合いに出しながら、「敵も10年20年やっている連中が出て来る。13年戦う奴がいてなんとか持った。そういうつもりで仕事をやらないと日本は変わらない」と強い口調で語った。「都庁の職員も2年ごとに替わる。無責任体制ができている。おかしいと思っている。基本的な思想なんだ」とも発言した。

ということは、都庁では今後、基本的に長期間異動させない方針なのだろうか。「当の質問をした記者」にその点を再質問された知事は「これから少しずつ変わってゆく。ろくに専門を知らない人間がいても役に立たない」と言い放った。

公共機関の場合、長期間同じ担当をさせるには、相当な努力が必要になるだろう。最も詳しいということは、権限の専横につながりかねないので、謙虚さを失わせないようにしなければならない。その担当者にはない新しい知恵を取り入れるために、素人の荒唐無稽な発想にも耳を傾けさせる必要がある。施策が時流に合わなくなったり、間違っていたりした場合、幹部職員を異動させることで政策転換のきっかけにする場合が多いが、立案した担当者に自身の施策を批判させなければならない。人間、合う合わないはつきもので、「あいつが担当でいる限りはどうしようもない」というような話をよく聞くが、そうしたことは絶対にない人格にさせなければならない。

と、いろいろな課題はあるだろうが、新しいチャレンジには違いないので、今後の都庁がどうなるか注視しておきたい。

だが、実現に向けた最も大きな壁は知事の任期だろう。４年で替わってしまってはおぼつかない。

ということは、猪瀬知事は何期在職したいと考えているのだろうか。自信はあるのか。

これについてはクラブ記者らしい配慮からか、誰も質問しなかった。

東京五輪、浮かれる前に

（2013年11月号掲載）

2020年の五輪が東京で開催されると決まった9月8日、私は福島県内にいた。東京電力福島第一原子力発電所の事故で被災した双葉町の町民に会うためである。双葉町は同原発のお膝元にある自治体で、全町民がいつ終わるとも知れない避難を続けている。

彼らの関心もやっぱり五輪招致だったようで、こちらから聞きもしないのに、多くの人が話題にした。

「やっぱり喜ぶべきなんだろうな。被災地の復興支援が名目なんだから」と70歳代の男性が言う。都は16年開催の五輪招致に失敗した後、理念に震災復興支援を据え直した。つまり五輪は原発事故で避難している人々のためでもある。だから「喜ばなければならない」と自らに言い聞かせていたのだ。

「テレビであれだけスポーツ選手や東京の人が喜んでいるんだから、良かったねと言ってあげないとね」。70歳代の女性は微妙な言い回しをした。それを引き取るように50歳代の女性が話す。「報道によると、これからは東京に相当な投資が行われるようだから、もう被災地どころではないでしょう。置き去りが決まったようなものです」。同町の住民は仮設住宅どころか、まだ避難所生活をしている人がいる。

「俺は本当は五輪は来なければ良かったと思っていたんだ」と50歳代の男性はため息をついた。「なぜそう思うのか」と聞き直すと、「あんたは東京の人だから、俺の気持ちは理解できない。お祭りムードに水を差すようなことを言って、嫌われたくない」と言ったきり、口をつぐんでしまった。

１週間ほどをかけて、多くの町民に会ったが、１人として心の底から歓迎している人はいなかった。そうした実態はほとんど報じられない。

招致の最終局面では、なりふり構わない関係者の姿勢が目立った。

招致委員会の竹田恆和理事長は世界のメディアへの記者会見で「福島は東京から２５０㎞離れており、皆さんが想像する危険性はない」と述べた。言葉を裏返せば、福島は危険だということになる。福島県民はどのような気持ちで聞いただろう。

安倍晋三首相はＩＯＣ総会のプレゼンテーションで、原発から漏れている汚染水について「影響は原発の港湾内で完全にブロックされている」と発言した。これについては「事実と違う」という批判が国内で噴出した。首相は原発自体についても、「状況はコントロール下にある」と断言したが、ならば汚染水漏れはなぜ発生しているのか。また、原子炉の中がどうなっているか分からないような現状では「嘘」と言われても仕方ない。

だが、原発にはもう問題がない、だから自信を持って五輪を招致するというのが首相のメッセージだった。

こうした姿勢を２０２０年の開催時に当てはめてみる。「震災復興はもう成し遂げられた。だから自信を持って五輪を開催し、世界に復興を発信する」という言い方になるのだろうか。現実には復興など成し遂げられておらず、被災者はスポーツをする余裕さえない状態だったとしても。

原発事故で避難指示が解除された地域がある。そこには戻っていいはずなのに、人はあまり戻らない。「事故はまだ収束していない。いつ何があるか分からない。そもそも原子炉はむき出しで、わずかであってもまだ放射性物質を放出している。今後の劣化や地震で放射性物資が再拡散されないとも限らず、近くへ戻るのは恐ろしすぎる」というのが理由の一つだ。これがコントロール下にあるとされる原発に対する地元の人々の認識である。

私達は事実を見据えているだろうか。被災者の声に耳を傾けているだろうか。このまま浮かれた気持ちで開催すれば、海外の人をもてなす以前に、身近な隣人の心を傷つけてしまわないだろうか。事故が起き、人生が奪われるとも知らずに、東京へ電気を送ってくれた人々に対する仕打ちとしては、あまりにもむご過ぎるような気がする。

ご都合素人 （２０１４年3月号掲載）

「アマチュア」。東京都知事を辞任した猪瀬直樹氏は、この言葉を自らの都合よく使った。

例えば辞任表明会見。

徳洲会グループから５０００万円を「個人的に借りた」とする疑惑に関して、「政治家ということについてよく知らないアマチュアだったというふうに思っております」と述べた。政治家としてアマチュアだったから、わけの分からないうちに現金を受け取ってしまったと言いたいのだろう。

猪瀬氏はこの場で「政治家としてずっとやってこられた方は、常にどういうものを受け取ったらいけないだとか、そういうことについて詳しいということはありますし」などとも発言した。要するに、プロの政治家は受け取っていいカネと、受け取ってはいけないカネの区別ができているが、素人の自分にはそれができていなかったと強調したのだった。

非常に違和感のある言い方だ。だが、会見ではそれ以上追及されることはなかった。

金銭スキャンダルにまみれて辞職した行政トップの「次」を選ぼうという時に必ず登場する言葉がある。「素人感覚」だ。

プロの政治家では票が取れないから、普通の感覚を持った候補がいいというのである。

素人とは本来そうした使われ方をする言葉であるにもかかわらず、５０００万円もの大金を簡単に受け取るような人が素人感覚を持っているかどうか。

だが、猪瀬氏は素人だから大金を受け取ったと釈明した。本当のプロだったら足の付かない受け取り方があるのかどうかは知らないが、プロに対しても、素人に対しても、失礼な言い方ではなかったろうか。

猪瀬氏は副知事として5年も務めており、その意味では行政の素人ではない。しかも政策のプロを自認していた。政策には組織をどう動かすか、つまり組織の綱紀粛正策も含まれるのだから、行政内部の人間の金銭授受について「アマチュア」と釈明するには無理があったように思う。

猪瀬氏が都庁で「素人」を言い訳にしたことは他にもある。２０１３年10月の大島豪雨水害である。

この災害では、住民に避難指示を出すタイミングが問題になり、記者会見で「町役場を飛び越えて知事が避難メッセージを出してはどうか」と問うた記者がいた。猪瀬氏は「僕は気象予報士じゃないから素人判断になってしまうといけないから」と逃げた。

この時、猪瀬氏は「都庁の専門部署と現地の町役場が連絡を取り合っても、相手の町役場が都庁の言うことを理解できたかどうか分からない。そうした中で知事がメッセージを出しても効果があるかどうかは難しい」と、まるで役場が無能な職員の集まりであるかのような受け答えもした。

私が強く疑問に思ったのは知事が災害に対して「素人判断になる」と言い放って許されてしまったことだ。

気象予報士の資格を持つ知事など皆無に近いだろう。だが、災害時に都民の命に責任を持つのは知事である。専門部署の意見を聞いて判断するのも知事である。そしてその結果の全てに責任を負うのも知事なのだ。

知事は災害に際して絶対に「素人」と口にしてはならない。

なのに猪瀬氏には知事としての覚悟が本当にあったのだろうか。「素人」。カネに対しても、災害に対しても、このような言い方で逃げるべきではない。それは知事の最低限の資質ではなかろうか。

◈第6章　舛添要一

なぜ来てほしいのか

（2014年12月号掲載）

2月に当選した舛添要一都知事が、都政の具体的な方向性を初めて打ち出すのは、年末にまとめる「長期ビジョン」だ。それに向けた中間報告が9月に策定された。

注目していたのは観光施策だ。

知事は9月定例議会の代表質問で、与党の自民党から「都政の課題が山積するなか、海外出張の優先順位が高いとは思えない」と釘を刺された。就任から半年強でソチ（ロシア）▽北京▽ソウル▽トムスク（ロシア）▽インチョン（韓国）と歴訪しており、実は私も「東京五輪開催に向けた施策形成のためだろうが、この調子で行き続けるのか」と疑問に思っていた。

ただ、それほどこだわる海外ならば、外国からの観光客の誘致策にかなりの力点が置かれるはずだと考えていた。国際通らしいアイデアも盛り込まれるのではないだろうかと期待していた。

中間報告の売りは将来の数値目標を示したことで、東京を訪れる外国人旅行者数の目標も明記されている。2013年に681万人だったのを、ほぼ10年後の24年に1800万人にするというのだ。東京五輪の開催が20年だから、これによる注目度のアップも含んでいるが、過去10年の実績を考えるとかなり強気な数字だ。現状では、03年の275万人と比べても、400万人程度しか増えていないのである。

振り返れば、都が外国からの観光客誘致を強く打ち出したのは石原慎太郎元知事の時代だ。「千客万来」というやや古めかしいキャッチフレーズを掲げて目玉施策にした。同知事が提唱した東京五輪開催では、都が国際的な招致レースに踏み出した06年、「10年後の東京」という計画の策定を始めている。ここでも外国からの誘客は重要施策として取り上げていて、06年からの10年間で1000万人に増やすとしていたが、今のままでは実現不可能だ。

都はこれまで「10年後の東京」計画を更新するたびに、外国からの観光客誘致を重要施策に据えてきた。幾次もの観光産業振興プランも策定してきた。海外での宣伝活動や海外メディアの誘致なども行い、それなりの努力はしてきたと言ってい い。それでも目標に届かない公算が大きい。

なのにどうやって1800万人という目標を達成するのか。中間報告では東京という都市の魅力を発信する「東京ブランド」の確立▽多言語案内の充実や無料インターネットサービスの整備などによる環境づくり▽観光資源の開発――を今後の施策展開の柱としている。東京ブランドでは、例えば「アイ・ラブ・ニューヨーク」のTシャツ販売のような策が考えられるというが、全体に従来施策との違いが私にはよく分からなかった。

ところで、なぜ都はたくさんの観光客に来てもらいたいのか。これまでの計画では「経済活性化」策として位置づけられており、要するに我々のカネもうけである。確かに観光客にカネを落としてもらえば潤う。国内、いや世界のどの観光地もそうしたものである。だが、それだけでは、何かが足りないような気がする。

この15年ほどの都政では、外国に対する揶揄と挑発が異様なほど目立ってきた。それが影響を与えたのかどうかは知らないが、他民族に対するヘイトスピーチが行われる都市として国連で問題視されるほどになり、つい最近も都内の大手書店が隣国への嫌悪を記した本を「オススメ」とインターネットで紹介して話題になった。

五輪招致で「おもてなし」と世界に微笑みかけた一方で、首相は隣国と対話もできず、国民の中にも隣国を嫌悪する感情が高まっている。そうした都市に人は喜んで来てくれるのか。

都民はどれほど外国の人々に来てほしいのだろう。来てもらうことで、何を目指したいのか。カネもうけのためだけなのか。今の日本では、そこから問い直してこそ観光客誘致のような気がするが、中間報告にはもちろん書かれていない。

幕引きは忘れた頃に

（２０１５年9月号掲載）

「今、やめられるわけないじゃないか。幕引きは知事が代わった後、都民の関心が薄れた頃しかないでしょう」

都の幹部がそう言っていたのを思い出す。まさにその通りになった。

新銀行東京である。

6月12日、東京都民銀行と八千代銀行を傘下に持つ東京ＴＹフィナンシャルグループとの間で、２０１６年4月をめどに経営統合するという基本合意書を交わした。

新銀行東京は、石原慎太郎元知事の肝入り施策として04年4月に設立された。石原氏が設立にこだわったのは、彼の前に1期でやめた青島幸男元知事が原因の一つだった。

「1円たりとも税金を無駄にしません」と威勢よく登場した青島氏だったが、就任早々、経営破綻に陥った2信組（東京協和信組、東京安全信組）の救済で公費投入を決め、「公約破り」とメディアに叩かれた。他にも臨海副都心の開発などで公約破りとしか言いようのない状態になり、再選出馬すれば当選確実という評判だったのに、1期で投げ出すようにしてやめた。

その後を決める選挙では、現在の舛添要一知事も出馬（落選）するなど、候補が乱立した。最後に抜け出したのが石原氏で、彼は青島氏への批判から公約を守ることを最優先の課題に掲げた。

その公約には「東京にリージョナルバンクを作る」と書かれていた。「リージョナルバンク」とは「地域の」という意味だ。つまり2信組問題やバブル後の貸しはがしなどで信用が地に落ちていた金融機関の向こうを張って、都が信頼に足る「東京の銀行」を設立するというのだった。

だが、「役所が商売をするのはおかしい」「臨海副都心の不動産業で失敗したのに、また武家の商法で行うのか」「金融機関の設立ではなく、既存の金融機関の誘導策や、仕組みづくりで施策は実現すべきだ」という声が、都庁内では強かった。側近にすらそうした考えを持つ人がいた。

石原氏はこれを押し切って2期目に開業させたのだが、都庁内ではこれに伴う人事で混乱した。「銀行は本当に設立すべきか」と疑問を持つ幹部が設立担当にされ、その人は施策転換を図ろうとして数カ月で飛ばされた。一方、設立に向けて遮二無二突き進んだ幹部は副知事になった。ただし、政府はなかなか設立を認めなかったので、経営が悪かったＢＮＰパリバ銀行を買収し、都が１０００億円を出資して名称変更する形で発足させた。

ところが、中小企業のために審査を甘くするなどした融資策が経営を悪化させ、わずか3年で１０００億円近い累積赤字を抱えて破綻状態になった。そこで都は４００億円の追加出資をした。

その後は、審査を厳しくし、店舗も1店だけにするなどして、近年は6期連続で黒字になっていた。ただし存在感はほとんどなく、何のための銀行なのか、よく分からない存在となっていた。

「早くやめたい」。それが都庁の本音だった。だが、政治問題になるので、石原氏の任期中にはやめられない。代わった猪瀬直樹氏も、石原氏が指名した副知事あがりの後継者だ。しかも、たった1年で辞職したので手をつけられなかった。それがようやく転換できる時代になった。舛添氏は石原氏が「リージョナルバンク」の公約を掲げて初当選した時の対立候補である。

他にも好条件が重なった。新銀行への都民の興味はいよいよ薄れ、メディアの目も東京五輪の主会場となる新国立競技場の２５００億円を超える建設費の問題に注がれていた。案の定、「新銀行をやめる」という話題は大きくならず、都の思惑通りになった。

ただ、新銀行とは何だったのか。都庁内では総括もされていない。せめて教訓ぐらい残してほしいが、忘却は行政の鉄則なのだろう。

外野知事

（2015年12月号掲載）

「うちの知事って存在感が薄くないですか」と都の職員に聞かれた。確かにそうだ。理由を考えていた時に9月定例都議会があった。議員の発言を聞いていて、なるほどと思った。

「この数カ月間、新国立競技場整備計画の白紙撤回やエンブレム使用中止に関する知事の発言や行動は、一評論家もしくは市井の一学者の批判に終始し、残念ながら、都知事の発言、行動としては不適切だったと言わざるを得ません。私達や都民が求めている姿ではなかったと思います」

これは自民党の代表質問の冒頭発言である。

東京五輪を巡る一連の問題で、舛添要一知事はインターネットを通じて批判を展開した。その評価についてはいろいろあるだろうから、他会派の議会発言も引いておく。3人の会派「かがやけTｏｋｙｏ」の都議は「新国立競技場を取り巻く問題については、舌鋒鋭くその不手際を糾弾し、情報公開の重要性を指摘した姿勢は、広く都民の支持を集めました。しかし続くエンブレムにかかわる諸問題については、東京都も無関係ではいられません。知事は連載の中で『ロゴの決定権は東京都ではなく、ＩＯＣと組織委員会にある』と明言されましたが、組織委員会の理事には、東京都副知事もしっかりと名を連ねています。東京都が全く意思決定の外にいるかのような発言に、都民が疑問を持つのは当然です」と質した。

要するに、知事の批判は当たっていたかもしれないが、他人事のように発言するだけで、当事者としての行動はなかったと見なされたのだ。

自民党は知事与党である。与党の諫言は通常、水面下のメッセージとして行われる。なのに公式の場で、しかも代表質問で、というのは極めて異例だ。メッセージを送っても知事サイドが聞く耳を持たなかったか、一向に改善されない時の手法だから、深刻に受け止めなければならない。

自民党と同じ与党の公明党も、代表質問の冒頭で「大会成功への盛り上がりに水を差すような問題が続きましたが、再度、東京が開催都市としてのリーダーシップを発揮し、大会成功への勢いをつけるべきであります」と知事の所見を求め、行動するよう促した。

この欄では何度も書いてきたが、五輪はシティの祭典である。なぜ東京都が招致したのかというと、それは東京府と東京市が合体させられた戦時体制が今も続いていて、市としての役割を都が担っているからだ。実質的には国家的なイベントであっても、また財源を国に頼らざるを得なくても、れっきとした「東京市」の催しなのだ。

その市長たる知事が、外野から批判するばかりで行動を起こさなかったと、何人もの都議が指摘し、与党からすら問題視された。しかも会派の主張を明らかにするような公式の場で表明されたのだから、知事としてはかなりの事態である。

2014年2月の舛添知事の当選直後、東京五輪・パラリンピック組織委員会の森喜朗会長は「リーダーシップを発揮し、尽力いただけると期待を寄せている」と談話を発表した。

舛添知事は就任半年後の新聞社のインタビューで「都庁には20年間、リーダーシップが欠けていた」と歴代の知事を批判した。就任1年後には「都議会とも連携しつつ、創造的なリーダーシップを発揮していきたいと思っている」と自身でインターネットに記事を書いた。

果たして、そのリーダーシップは十分に発揮されているだろうか。

「確かに戦略として、戦術として、時には批判、批評をすることも、政治家の一面として否定はいたしません。しかし、都民のリーダーたらんとするならば、あるいはこの国のリーダーの1人と自覚するならば、大会の成功に向けて最大限の努力を重ねていただきたい」。自民党は代表質問をこう結んだ。相当に厳しい指摘である。

舛添流と石原流

（2016年6月号掲載）

舛添要一知事が4月16日、滞在先のワシントンで「ブロードウェーのような劇場街を造りたい」と表明した。「保育園は足りなくても、劇場か」「五輪だけでも財源が大変なのに」などと批判が起きているが、今回は置いておく。

私が思い出したのは石原慎太郎元知事の発言だった。2012年4月16日のことだったから、舛添知事の表明からちょうど4年前の同じ日だ。やはり滞在先のワシントンで、尖閣諸島の購入計画をぶち上げた。

2人の行動には多くの類似点がある。

石原元知事は当時、4選されてから1年が経った頃で、政治的な求心力が落ちていた。

前年の選挙では、引退を考えていたのに「やっぱり自分が出る」と言い出した。それでも当選できたのは、東日本大震災が起き、非常事態の中での政治的な混乱は良くないという空気が世の中に蔓延していたからでもあった。ただ、一度身を引くと発言していたので、いつ辞めるか分からない。「4期目は余分だ」と考えているのが明らかな知事が、都庁内だけでなく、都民からの支持を維持し続けるのは難しかった。

「尖閣諸島購入」をぶち上げたのは、そんな時だった。これを機に石原元知事の行動にはまた関心が集まり、右派を中心とした人々の支持が高まっていく。そうした支持を背景にして半年後、石原元知事は突然辞職して、国政復帰の意向を明らかにした。

舛添知事がわざわざワシントンで表明した意図は分からないが、形は石原元知事とそっくりだ。政治的な逆風が吹く中でのことでもあった。

舛添知事が常に口にしてきたのは、石原元知事の路線からの転換だ。相手国によって知事自身の好悪の感情をむき出しにし、施策にもそうした感情を色濃く反映させるよう求めた石原都政からは確かに転換した。だが、今回の行動は元知事のまねのように映る。

そもそも巨額財源が必要となる重要施策を、海外で発表するような話題づくりは、都民に対して失礼ではないか。

ところで、舛添知事の海外出張には高額批判が起きている。ただし、知事の高額海外出張への批判は、今に始まったことではない。ある意味では、都知事が一度は経験しなければならない関門だった。

青島幸男元知事は、臨海副都心で行う予定だった世界都市博覧会を公約通り中止し、そのお詫び行脚で関係国を回ったが、これに約５０００万円をかけたとして都議会で野党勢力からボロカスにこき下ろされた。

同知事が１期で退任した後で当選した石原元知事も「飛行機はファーストクラス、ホテルは最高ランクのホテルの高額な部屋を押さえ、現地の移動も、動く応接室と言われる超豪華リムジンを乗り回すなどと破格」（共産党の都議会質問）と指摘された。他にもガラパゴスで大型クルーザーを1日借り切ったとか、都のレンジャー制度が完成した後なのにカリフォルニアの国立公園に同制度の視察に行ったとか、他県の知事は夫人を同行させないのに晩餐会などへの出席を名目に同行させたとか、様々な批判にさらされた。

青島、石原元知事とも、こうした批判に足元がかなりぐらついたように見えた。

これまでの都政、特に「石原都政」からの転換を目標にするなら、舛添知事にとって「高額海外出張」はまず手をつけなければならない問題だったはずだ。その時間は十分にあった。だが、従来とほぼ同じスタイルで出張を続け、批判で足元がぐらついてから、「改革」を口にした。

舛添知事は「削減すればいいというものではない」などと反論や釈明をしているが、それでも批判が収まらないのは、都民やメディアが納得していないからだろう。

このままでは「やっぱり舛添知事も同じだった」と言われかねない。

「せこい劇場」の根っこ

（2016年8月号掲載）


「せこい」という理由で、詰め腹を切らされた知事は日本で初めてだろう。

在任期間が2年4カ月余と、猪瀬直樹氏の次に短命に終わった舛添要一前都知事である。

せこさが施策上のミスにつながったわけではない。というより、舛添都政下の新施策はまだほとんど実現していない。失政ではなく、知事として恥ずかしいという理由で辞職を求めるメディアと世論の旋風が吹き荒れ、都議会が乗った。それが辞表を提出せざるを得なくなった原因だ。

しかもメディアがスキャンダルとして取り上げたのは、多くが国会議員時代の政治資金や、知事就任前からの行動、もしくは就任前から分かっていた性格なので、知事としてどうだったのかは、あまり問題にされなかった。

それなのに、辞任にまで追い込まれた要因は3つあると思う。

まず、この欄で指摘してきた通り、危機対応力の低さだ。高額海外出張に端を発した「追及」を収めるだけの言語能力を持たなかった。むしろ自身の発言で火に油を注ぎ、大火傷を負った。

2点目は、側近の「腕力」のなさだ。この欄では舛添氏と元知事の石原慎太郎氏の行動が似ていると指摘したが、2人には決定的な違いがあった。「批判を書くなら命に代えてでも食い止める」という暴力的なまでの決意を持った側近がいたかどうかだ。石原氏には副知事を務めた浜渦武生氏がいた。浜渦氏は石原氏が都庁に乗り込んだ当初から影のように付き添い、納得のできない記事には記者クラブに直接乗り込んで、担当記者と〝交渉〟した。その「腕力」に震え上がる記者や、逆に配下のようになる記者がいた。

「豪華海外出張がすぎる」「施策に公私の区別がついていない」という意味では、石原氏は舛添氏以上に問題が指摘された。それでも辞任騒動にまで発展しなかったのは、メディアを抑える懐刀があったからだ。

3点目はメディアの変質である。政治資金の問題は、既に公表されている収支報告書をもとに調べれば、いくらでも記事にできた内容だった。私が都庁記者クラブに在籍していた時代、年に一度の収支報告書の発表時には、1週間徹夜で読み込んで現場を当たり、国会議員や都議を含めて記事にするのが慣例だった。何を指摘できるかが腕の見せどころで、各社がしのぎを削った。新知事の就任時も収支報告書を改めてひもとき、検証し、さかのぼれるだけさかのぼって問題を指摘するのがクラブ記者の常識だった。

そうした慣例や常識は薄れた。だから舛添氏は政治資金で報道の洗礼を受けずにきた。もし発表の都度、もしくは知事就任時に指摘されていたら、そのたびに修正できたはずなので、いきなり火がついて燃え盛るようなことはなかったはずだ。

政治家や行政幹部には批判報道を嫌う人がいる。だが、批判報道は軌道修正のためのツールでもあるから、これにうまく対処できる権力者ほど長続きする。批判報道こそ権力維持装置なのに、権力側にその認識が乏しくなり、記者側にも嫌われたら困るという意識が強くなったのだろうか。

これも何度も指摘していることだが、都庁記者クラブはおとなしい。だが、近年はネットメディアやネットへの書き込みで、爆発的な騒動に発展する場合がある。都議会のセクハラ野次は典型例だろう。そうした「外圧」で騒動が広がると、次第に既存のメディアも巻き込まれる。ワイドショーを中心に火の手が上がって手がつけられなくなる。「外圧」の盛り上がりは視聴率につながるから、なおさらだ。

「舛添せこい劇場」は終わった。だが、その根っこには深刻な問題が横たわっている。私達は少し頭を冷やして検証すべきではなかろうか。

〈書き下ろし〉

2代続けて短命に終わる

石原慎太郎知事が突然辞任した後、2012年12月の都知事選で433万8936票という空前の得票数で当選したのは猪瀬直樹氏だった。

猪瀬氏は07年に石原知事の副知事となった。3期目の石原知事は都政への関心を失っていたから、都政界ではいつ辞めるかが話題になることもしばしばだった。その時、後継候補の1人として名前が再々登場していたのが猪瀬副知事だ。

猪瀬知事は職員に好かれなかった。嫌われたと言った方が正しいかもしれない。

例えば、知事時代にはこんなエピソードがある。

スポーツ振興施策を職員が説明していた時のことだ。猪瀬知事は「うーん、卓球がいいと言う人がいるんだよね」といきなり言い出した。

卓球を都民スポーツとして普及させようと思いついたようだった。そして「都内にはいくつ卓球台があるのか」と職員に質問した。

「虚を突かれたというか、驚きました。そのような数字は都庁では把握していませんでした」と当時の幹部職員が話す。職員が黙り込むと猪瀬知事は「そんなことも分からないのかっ。だめだ、お前は」と叱りつけた。

担当局は「学校には1台ぐらいあるのではないか、体育館には3台ぐらいあるだろう」などという仮定で計算して説明資料を作ったが、猪瀬知事は全てにおいてそのような調子だったとされる。関心を持つ事柄には細かいデータを要求し、職員が即答できないと怒鳴った。「耳をふさぎたくなるような場面もあった」と、多くの職員が振り返る。

ただ、そうして細かい数字を求めるのは限定されたジャンルだけだった。

―― 五輪招致に成功するが、巨額現金授受が発覚 ――

猪瀬知事が関心を持ったのは、東京メトロと都営地下鉄の経営統合、都庁が大株主の東京電力改革、老朽化した首都高速道路の再生などだけだ。

「当時の1300万人の首都のトップに立つ人間としては大局観がありませんでした。作家ならそれでいいかもしれませんが」などと職員達は酷評した。

庁内では次第に「猪瀬シフト」を敷くようになり、知事が興味を持ちそうな事柄には、事前に極めて細かいデータを用意した。

猪瀬氏は職員に対する接し方でも嫌われた。「人を見下した態度を取る。仏頂面でそっくり返る。猪瀬さんの態度の悪さは副知事時代から一貫していました」と、ある幹部職員は振り返る。

その猪瀬知事が、不器用そうに笑顔を作り、一生懸命に取り組んだ課題がある。石原都政から引き継いだ五輪招致だ。結果として、五輪招致に成功するのだが、「コンパクトな大会」などとした招致コンセプトは絵に描いたモチであることが判明し、巨額に膨れ上がる開催費用や、東京の夏の暑さへの対策などで後の知事らを苦しめることになる。

そして、知事選出馬時に医療法人徳洲会グループに1億円を要求し、5000万円を受け取っていた事実が発覚し、たった1年で辞任に追い込まれた。

「自信家で独断専行、議会軽視」と言われた猪瀬知事を守る都議はいなかった。

——海外出張経費や公用車の私的利用で辞職——

出直しの都知事選で14年2月に当選したのは舛添要一氏だった。石原知事が初当選した1999年の知事選にも出馬して落選しているので、二度目の挑戦である。

舛添知事はまず、石原―猪瀬と2代続いてきたある種の恐怖政治を変えようとした。

就任直後、「知事が話を聞いてくれた。私達が言うことにじっと耳を傾けてくれた」と職員が驚いていたのが印象的だった。その程度のことでも喜ばれたのである。

舛添知事が就任1年目で行ったのは五輪経費の縮減だ。猪瀬都政で試算された競技会場の新設費用が実際には3倍もかかると分かり、一部の建設を取り止めるなどして約2000億円分を減らした。

ただ、五輪の公式エンブレムに盗作疑惑が持ち上がる。舛添知事はこの問題についてSNSなどで発信したが、「知事は当事者なのに、国際政治学者よろしく評論家然とした態度では解決しない」

と議会などから批判された。

国際政治学者としての振る舞いはさらに問題を拡大させた。石原―猪瀬都政からの転換として、絶縁状態に近かった海外の友好都市との交流を再開させていくが、海外出張経費が巨額に膨れ上がり、批判の的になっていった。

それに加えて、公のカネとして扱われなければならない政治資金を国会議員時代から私的に流用し、公用車で神奈川県の別荘に通うなどしていた事実が発覚すると、辞職を求める世論が大きくなった。辞めるまでわずか2年4カ月の在任だった。

舛添氏については、今でも「批判への対応を失敗しただけで、辞めるほどの問題ではなかった」と言われることが多い。だが、「危機」への対応能力という都知事の資質は備わっていなかったと証明されたのかもしれない。

◈第７章　小池百合子

「政治家」の仮想敵

（２０１６年10月号掲載）

「小池さんは政治家ですから」。自民党の関係者が言う。８月２日、新しい都知事に就任した小池百合子氏のことである。

小池氏が都知事選に出馬表明をした時、まず挙げたのが「都議会の冒頭解散」だった。議会に不信任決議案を可決されない限り、知事には解散権がないとすぐに指摘されてしまうのだが、釈明などから善意に解釈すると、就任直後に不信任決議されかねないほどのことを行うという意味だった。

しかし当選後、自民党本部を訪ねたり、都議会の各会派を訪問したりした時のやりとりからは、「冒頭解散」への爆弾を投げる気配はない。

ならばなぜ「冒頭解散」などと表明したのか。

しかも都議会自民党の実質的なリーダーである内田茂氏（千代田区）を名指しするような形で、自民党都連を攻撃する選挙戦術を展開したのか。そこで「政治家ですから」という解説が出てくる。

人間は、いや特に日本人は、鬼畜米英と叫んだあの頃も今も「敵」がいた方が団結する。これを最大限に利用したのが石原慎太郎元知事だった。例えば中国に対して激しい憎悪をむき出しにし、尖閣諸島の購入問題などで都民の「嫌中意識」を煽った。それが支持率の高揚と維持につながったのは、この欄でも指摘してきた通りだ。今回、小池氏の仮想敵は内田氏、もしくは都議会自民党、そして自民党都連だった。

人は実態が分からない相手ほど不気味に思う。内田氏はお世辞にも口が上手とは言えず、メディアにも登場しないので、「都議会は伏魔殿」などと書き飛ばしている人々に、彼のことが分かっているとは思えない。つまり仮想敵の悪役としては最適の人物だった。

少しだけ内田氏のことを説明しておけば、彼が都議会で最終的に力を持ったのは、石原氏が知事としての役目を果たさなかったからだ。石原氏が都庁に来るのはわずかな時間で、しかも話題づくりには熱心だったが、生活関連の施策にはあまり関心がなかった。そこで施策展開の筋道を知事に担保してもらうわけにいかなかった職員が、内田氏を頼るようになったのだ。ただし都議会自民党としても、石原氏には都政にあまり関係のない話題づくりに専念してもらえれば、都の基本施策を主導できるので都合が良かった。

ところで、この原稿を書いている時点でメディアを賑わせているのは築地市場の豊洲移転だ。11月7日開場の予定なので、移転はもう目前である。ところが小池知事は移転延期を検討するための現場視察などを行った。選挙中も築地を訪れて「都議会で移転可決の強引な作業が行われた。自民党都連の一部がどこかで何かを決め、納得いかない中できてしまった構図」と述べていたから、これも仮想敵づくりの延長戦なのだろうか。

ただ、不思議に思う。豊洲移転は石原氏が1期目に決定して以降、賛否が分かれ、土壌汚染も大きな問題になってきた。しかし自民党都連は豊洲移転を重要施策に掲げ、例えば2015年の統一地方選の政策集にも「豊洲新市場への移転を推進します」と明記している。小池知事は東京10区選出の自民党衆院議員だったので、もちろん都連に所属していた。これほど問題視するなら、なぜ移転推進の党に所属してきたのか。それとも関心がなかったのか。このような時期になってなぜと思うが、「それが政治家なんですよ」という話になる。

都民は都知事選になると関心を持ち、メディアも盛り上げて大騒ぎになる。しかし、終わった途端に都政には無関心になる。だから話題づくりや仮想敵づくりをしていれば一定の支持が得られるというのがこのところの都知事の姿勢に見える。

小池知事は「東京大改革」を掲げている。それならば、都政を蝕んできた話題づくり主義、仮想敵づくり主義こそ改革しなければならないのではないか。これこそ政治家の役割だろう。

世相の宝庫

（２０１７年３月号掲載）

「平日の閉館時間ですけれども、夜の９時まで。私は画期的ではないかなと思いますす」

小池百合子知事が記者会見でそう強調したので驚いた。１月29日にオープンした新しい都立多摩図書館についてである。

都立図書館は、中央図書館（港区）と多摩図書館の２館体制になっている。このうち多摩図書館が、老朽化や所蔵庫不足などのために、立川市から国分寺市へ移転・新築された。これに伴い、平日の開館時間が従来より１時間半延長されて午後９時になった。知事はこれをもって「画期的」と評したのだが、何のことはない、中央図書館の開館時間に合わせただけだ。

遅くまで開いている図書館なら、都内にいくらでもある。午後９時どころか、午後10時まで開いている。多摩地区では、府中市立中央図書館や、武蔵野市立の武蔵野プレイスがそうだ。23区でも知事の衆院議員時代の選挙区だった豊島区の区立図書館が午後10時まで開いている。午後９時45分まで、午後９時半までという館も相当数あって、挙げていたらきりがない。小池ファンが世にあふれている今、小さなことをあげつらってと言われるかもしれないが、ある意味で知事らしい発言なのだろう。

知事は直感で発言する。世相をくみ取るのが上手で、メディア受けする言い方を心得ている。それに基づいた戦いを常に仕掛け、出馬会見では「舛添（要一前知事）問題の第三者委員会設置」などとぶち上げた。就任後も都議会に対する波状的な攻撃で飽きさせない。しかし東京五輪・パラリンピック大会組織委員会の森喜朗会長が「勉強も研究もしていない」と知事に投げつけた言葉がどうしても引っ掛かる。直感のバックボーンや見通しはしっかりしているだろうか。市場移転問題の迷走ぶりを見ても、やや不安を感じざるを得ない。

新しい多摩図書館は何が「画期的」なのか。

かつては区ごとに近い形で館が設けられていた都立図書館だが、統廃合と区移管の歴史だった。最終的に2館に集約され、多摩図書館は「雑誌」「児童・青少年資料」の専門館とされた。

雑誌は廃刊されたものも含めて1万7000誌の「東京マガジンバンク」がある。国内最大規模だ。これは現在も6000誌以上の収集を続けている。市町村の図書館は雑誌を消耗品として扱うのに対して、世相を映し出す時代資料として位置づけており、バックナンバーまできちんと保管している。創刊号の保有も多い。「お宝のような雑誌が所蔵されていて、研究対象になることもある」と担当者は話す。東京市時代から集めてきた雑誌は超一級の資料なのだ。

また、外国の雑誌も12カ国語の400誌を収集している。地方都市で発行されているローカル雑誌も集めており、国会図書館より幅広いとされる。

ただ、こうした長所を旧館では十分に発揮できなかった。施設面積が狭くて、534誌しか閲覧室に出せなかったのだ。新館では収集中の全6000誌以上を常に展示している。このうち1500誌は表紙が見えるようにして閲覧室に陳列し、残りの4500誌は誰でも入れる開架の書庫に置いた。いずれも過去1年分を手に取って見ることができる。雑誌は時代によって使用する紙が違うので、紙質からも世相が感じられるのではなかろうか。

まさに「世相の宝庫」と言っていいだろう。

今後は編集者や研究者を招いて月に1回程度の「カレッジ」を開く予定で、雑誌研究の拠点としての役割も充実させていく考えだ。

「世相」は東京から発信される部分が大きい。その意味では東京という地方ならではの図書館として、今後に期待がかかる。

ただ、図書館行政は注目されにくい。だからこそ為政者によって扱いの差が歴然とする。知事にはこちらの「世相」にも敏感でいてもらいたい。

記者も議員も知らないなんて…（2017年5月号掲載）

なされているはずの盛り土が、なされていなかった。これが問題だったはずだが、「問題」とされる事項が多数提示され、結局のところ何が何やら分からなくなった。

豊洲新市場への移転である。都議会で百条委員会が設けられた。

この場で「問題」とされている一つに、いつ移転が決まったのかというのがある。議会で延々と追及され、メディアもああだこうだと書いている。

それにしても、不思議だ。移転が今回初めて明らかになったわけでもあるまいに、移転決定に至る過程など、盛り土があるなしにかかわらず、都議もメディアも当然知っていたはずではないか。疑問があったならその都度解消しておくべきだろう。

なのに、いつ決まったかも知らずに、都議会は議決を繰り返し、メディアも移転報道を続けてきたのか。

そもそも都民は何も知ろうともせずに、豊洲移転も含めて石原慎太郎知事を支持してきた。ちょっと形勢が変わると疑惑の玉手箱を開けたかのようにして囃し立てる。劇場や見せ物としては面白いかもしれないが、これが民主主義の実態かと思うと、悲しさを通り越して恐ろしくなる。

1999年4月、知事が青島幸男氏から石原慎太郎氏に代わった。当時から在職している都議や記者に聞けばすぐに分かるだろうが、知事交代時の懸案事項の一つに築地市場の再整備か豊洲への移転かの選択があった。都は青島時代の末期、市場業者に対する意向調査をしていた。しかし、再整備か移転かで意見がまとまらず、移転に踏み切りたい都と業者の間で事態は膠着状態に陥った。「現地再整備ということになれば、片方で建て替えをしながら10年、20年と、狭いところで営業を続ける。市場法が改正されようとしていて、その間に築地がどうなってしまうのかという状況の中での再整備となる。移転すれば、その辺はすっきりするのかもしれないが、場外市場や内部の業界も含めて、ついていけない人が出て、落ちこぼれが出てくるだろうという問題もある」などと共産党都議が当時の都議会で発言している。難しい判断だった。

そうした時に豪腕イメージをぶら下げて登場したのが石原氏だった。石原氏の発信力に期待した都庁は就任5カ月後、知事の築地視察を仕掛けた。「古い。狭い。危ない」。視察後にそう発言した知事は、豊洲への移転を強くにじませた。この発言以降、都は移転への動きを強めるのだが、その動きを作るための知事視察だったと、当時の都庁内では知らない職員も都議も記者もいなかった。

私も視察が大きな転換点になると聞いていたので、「豊洲移転決断へ」という記事を書くために、当時の大矢實市場長を取材した。大矢さんは都幹部としては堅い人として有名で、「移転はまだ決まっていない。知事が決断しなければならないし、関係者といろんな段階を踏んで議論しないといけない」と模範解答を繰り返したのを覚えている。私がどんな聞き方をしても、その姿勢を崩さず、「やっぱり堅いなぁ」と思わず笑った。

転換点となった石原元知事の視察に関しては、知事が市場に到着する前、若手業者が「今日は石原裕次郎が来んだって」と話していたのも含めて、忘れられない取材だ。都知事選では弟の故裕次郎さんに入れるつもりで投票した人が相当にいたのだろうと思った。

このほど百条委員会に招致された大矢さんは、当時と同じような堅い言い方をしていた。

ただ、何を調査するための百条委員会なのだろう。あの時のことなど、今さら知らなかったふりをして追及するのか。当時の都議会には都庁幹部から随時報告があったろうし、特に移転推進派や与党的立場の議員には詳細に説明されたはずだ。

　百条という伝家の宝刀を抜いたにしては論点が明確でない。何を斬りたいのかよく分からない。

新「都議会のドン」になれるかどうか（2017年9月号掲載）

　小池百合子知事の行動にはいくつかのパターンがある。その一つがメディアの論調による身の処し方の変更だ。メディアを利用して支持を拡大させてきた知事らしい行動原理である。

　その象徴のような事例が、都民ファーストの会の代表辞任だろう。

　同会は都議選で、公認候補50人のうち49人を当選させた。推薦の無所属候補も当選が決まると即座に公認したので、定数127の都議会で計55議席を獲得した。他党の倍ほどの議席数を保有する第一党になったのである。与党勢力も含めると都議会の過半数を獲得した。

　ただし、「都民ファーストの会の新都議は、会の許可がなければ取材を受けられないということで、ほとんど自由に発言をされていません」（7月7日の定例会見）と記者に指摘されるような面もあり、都議が知事の駒になりかねない危険性が出てきた。地方自治の原則は二元代表制だが、一元代表の専制政治になってしまう、という声が出始めたのだ。

「これじゃ、新しい都議会のドンじゃないか。知事は都議会を牛耳っていた内田さん（内田茂・前自民党都議）を批判したけれど、内田さんが牛耳っていたのは都議会だった。小池知事は都庁組織のトップなので、両輪を共に牛耳れてしまう。内田さんをしのぐドンの出現ということなんじゃないの」と都政関係者が言う。

　知事は都議選の開票直後、自身が都民ファーストの会の代表を務めていても二元代表制への懸念はないと反論したが、メディアが一斉に問題を指摘し始めると、開票翌日の7月3日にいきなり方針転換して、代表を辞任し、特別顧問になったと発表した。

こういう転換の早さとサプライズは、小池劇場の観客にとっては面白い。「やっぱり知事は戦略家だ」と褒める都民や評論家がいる。

ただ、サプライズが生まれるのは、決定過程が不透明だからだ。都議選まで都民ファーストの会の役員は、小池知事と知事の影武者たる特別秘書の2人しかおらず、代表交代はこの2人で決めたと知事は説明している。

そもそも小池知事は1月に同会を〝結党〟した時、自身は特別顧問という院政ポジションに身を置き、代表には特別秘書を当てた。ところが都議選の1カ月前、いきなり知事自身が代表になり、候補の応援に駆け回った。「党の顔」が特別秘書では都議選に勝てないと判断したのだと見られている。その結果、大勝利を収めると、都議選の当選者にも諮らずに代表を降りた。これほど恣意的に代表が交代する「政党」は珍しい。

およそ都道府県議会で多数の議席を持つような政党は、党首を選ぶ時には党員以外にも選考過程が見えるようにするのが通常だ。というのも政党は志を同じくする党員の私物ではないからだ。だからこそ政治団体には様々な優遇制度がある。

その点で自覚が乏しかったのは舛添要一前知事だ。政党ではないが、政治団体を私物化したと批判されて辞任に追い込まれた。では、都民ファーストの会はどうだろうか。

「東京の地域政党を標榜していても、実態はローカルパーティーではなく、知事のプライベートパーティーだ」と批判する人がいる。「自身が代表として都議選を戦ったのだから、知事が代表として会を運営していくというのが選挙を通じた都民との約束だ。なのに叩かれそうになったら辞任して、公約違反ではないか」という指摘もある。

小池知事は「都議選で一番訴えたのは古い議会を新しく、という議会改革だった」と話している。ドンとの違い。前知事との違い。これらはまだ、行動で示せていない。

「税収奪」の二律背反

（2018年2月号掲載）

「国は東京都の税を奪うな」とは、東京の政治家を奮い立たせる言葉だ。

東京への一極集中に伴い、地方税もまた東京に集まる傾向が強まっている。これを政府は抑制し、「地方」へ再配分しようと目論む。ただし、手法は税の配分基準をいじるなど小手先であることが多く、都側が納得できるような理屈で裏打ちされていない。このため「都税が収奪された」という議論が沸き起こる。

2018年度の税制改正では、地方消費税の配分基準が見直しになる予定で、このままだとさらに都税が「収奪」されてしまう。

そこで都議会は全会一致で反対の意見書を可決した。収奪反対は党派を超えて乗りやすいテーマだ。しかも、都民を守るために国と対決するという図式は、政治的な求心力を得やすい。

このため歴代の都知事は先頭を切って「都税を奪うな」と主張してきた。小池百合子知事も総務大臣に申し入れをしたほか、定例記者会見で2週連続、冒頭発言で取り上げた。人気凋落が著しいだけに、国との対決姿勢は支持回復の格好の材料である。

「国による不合理な税制度の見直しで、この10年間で累計2兆2000億円の巨額の財源を奪われて参りました。……（中略）……例えば、特別養護老人ホームの6万人分、保育施設の7万人分を設置できる金額に相当する規模になります」「（1989年の税制改正以来、都税の収奪は続いており）合わせますと5兆2000億円の財源が奪われてきたと言わざるを得ません」

知事の舌鋒は久々に鋭い。

それにしても、なぜ収奪が問題なのか。これを説明すべく都は17年11月、「見ればわかる！　国の不合理な措置に対する東京都の主張」と題した冊子を作った。この冊子で都は、17年4月時点で全国の3割にも当たる8596人もの幼児が都内の保育所へ入所できずに待機しているだけでなく、高齢化社会への対応、社会保障費の増大、社会インフラの老朽化など課題が目白押しで、「首都東京には大都市特有の膨大な財政需要がある」と訴えた。

知事が2度も会見で主張し、冊子まで出したのだから、さぞや都民から反響があっただろうと思って担当局に問い合わせてみた。期待外れなことに、「あまり反応はなかった」という。

理由の一つは「税収奪」の方法が極めて専門的で分かりにくいからだろう。冊子も一読して一般都民が理解できる内容ではない。

だが、もっと大きな問題がある。ふるさと納税だ。16年に都内から他の自治体に寄付をした人は約47万7900人で、寄付額は約683億400万円にのぼった。とてつもない額だが、国が収奪したのではない。都民が望んで流出させたのだ。待機児童の解消より、肉や魚の返礼品が欲しかったとまでは言わないが、少なくとも税を流出させても東京の財政に影響はないと考えた人が多かったのである。

これでは都がいくら政府に反論しても、都民から反応があるはずがない。

不思議なことに、知事も都庁も、政府による「税収奪」には敏感に反応するのに、ふるさと納税による税流出には鷹揚だ。都が組織した専門家の「東京都税制調査会」では17年、ふるさと納税を問題視する委員が相次ぎ、「都としても少し発信を強めていくべき」という意見が出た。しかし、知事は無言のままだ。「人気商売なのだから、返礼品を楽しみにしている都民に水を差すようなことができるはずはない」と指摘する人もいる。

まず、都民に「税を流出させるな」と苦言してから、国に「税を奪うな」と言わなければ、税が足りているのか足りていないのか分からない。

これでは国に足元を見られる。

都民の声、恣意の声

（2019年12月号掲載）

「もしもし」。電話の相手は受話器を取るなり、そう言って黙りこくる。間違い電話を掛けてしまったのではないかと不安になった。

「そちらは都庁ですか」と私。「はい、はい」と迷惑そうな相手。「都庁のどこですか」と尋ねると、ようやく「オリンピック・パラリンピック準備局の競技・渉外課です」と答えた。

都庁はこうした受け答えが許される組織だ。そのような人物が「都民の声」を正しく受け止められるかどうかの疑問はあるが、今回のテーマは都政に寄せられる「声」だ。東京五輪のマラソンと競歩が、IOCに札幌開催とされた問題で、都は極めて異例な「声の抽出」を行った。

小池百合子知事は、来年の知事選を見据えて、ここぞとばかりに東京開催を主張した。その補強材料として、都民が札幌開催に反対であるというデータが欲しかったのか、都は札幌開催について急遽アンケート調査を行った。経費は30万円弱というが、こうした緊急調査は極めて珍しい。その担当が冒頭の「競技・渉外課」である。

リサーチ会社に依頼して10月22～23日、同社が抱えるモニター会員にインターネットでアンケートしたのだという。20歳代、30歳代、40歳代、50歳代、60歳以上の男女都民にそれぞれ206人ずつ尋ね、2060人の全員が答えたとしている。

質問項目には「経費が増えるとしたら」「さまざまな分野の方々に負担をかけることになりますが」などと会場変更に否定的な感情を抱くような表現が加えられており、公平な調査とは言えない。にもかかわらず、札幌への変更に賛成する人は35・5％、反対は32・0％、どちらでもないが32・5％と、都に都合のいい数字ではなかった。

これとは別に、メディアで大きく報じられ、小池知事もテレビなどで口にしたのは、「88・2%が札幌開催に反対」という数字だった。

この数字の抽出は、緊急アンケート調査以上に異例だった。「誤解を招くから」と都が自ら禁じてきた賛否をあえて公表したのである。

都には都民からの声を受け付ける窓口があり、電話やメールで都政に関する様々な意見を聴いている。知事の振る舞いや重要課題が話題になるたびに、「声」が殺到するのが実情だ。

以前はこうした「声」の内容を職員が分析し、知事や政策への賛否の割合を公表していた。

たとえば2012年、当時の石原慎太郎知事が言い出した東京五輪招致には、「都民の声」に寄せられた意見のうち82%が「反対」とされた。

このように都政に不都合な数字が出かねない。そうした場合などには組織的な電話作戦が行われることもあり、ある時点を境に賛否が大逆転した例がいくつもある。このため石原都政下では「都民の声」の賛否分類と公表を禁じた。そもそも賛否を問うために「声」を受け付けているわけではないのに、賛否の指標にすべきではないというのが、当時の都庁の言い分だった。確かに一理あると、この欄でも紹介した。

にもかかわらず、今回は「都民の声」の賛否を公表した。総合窓口担当の生活文化局は「うちは発表していない」と言う。オリンピック・パラリンピック準備局が勝手に公表したというのだ。

同局の担当者は「複数の人間で内容をチェックして賛否を分類し、IOCの発表から8日間の数字をまとめた。賛否の傾向は当初から変わらず、むしろ反対がじわじわ増えていたので誤解はないと考えた。議会やメディアから問い合わせがあったので公表した」と説明している。

だが、仮に札幌移転への賛成が多かったら、禁を破ってまで公表しただろうか。担当者は「禁」について知らなかったとしている。

結果として禁は破られた。解禁した以上、今後は賛否分類を隠すのはやめるべきだ。知事に都合が良かろうが、悪かろうが、淡々と公表すべきだろう。今回が「恣意の声」と言われないためにも。

〈書き下ろし〉

メディアに作られ、メディアで失速する

都知事選には不思議な法則がある。というより都民の好みだろうか。

まず、他県の元知事が通った試しがない。そもそも一度引退した道府県知事が「都知事ならやってみたい」と選挙に出てくること自体異例だ。都知事にはそれほど魅力と権力があるのだろうか。石原慎太郎元知事の3選目（2007年）以降は一度を除いて全都知事選に他県の知事が出馬している。しかし、ことごとく落選した。

また、自民党など国政政党の本部が擁立した候補に反旗を翻した人が支持を集めやすい。有名なのは鈴木俊一元知事の4選目（1995年）だ。知事を代えようとした自民党本部がNHKキャスターの磯村尚徳さんを担いだが、自民党都連の推した鈴木元知事に敵わなかった。

鈴木氏に続く青島幸男元知事、石原慎太郎元知事も、自民党本部が立てた候補を倒して初当選した。

他県の知事嫌い。党本部の候補嫌い――。その傾向が顕著に出たのが小池百合子知事が当選した選挙だった。自民党本部や公明党が擁立した増田寛也・元岩手県知事を、小池知事は大きく引き離して都庁のあるじになった。

小池知事は元テレビキャスターだけに、メディアの前でどう振る舞えば目立つか、そしてどうす

ればテレビ映りがいいかを知っている。それが行動規範になっているのではないかと疑わせるような行動が多い。

政策的にもメディアの動向を気にする傾向が強く、都庁内の積み上げではなく、つかみでパッと動く。そのため理論構成がきちんとできず、矛盾が露呈した例もあった。

── 豊洲新市場問題で伏魔殿征伐を演出 ──

象徴的だったのは、中央卸売市場の築地から豊洲への移転問題だ。知事は「土壌汚染対策に疑問が残る」として新市場の開場を延期したが、実は共産党都議団が見つけた問題の上前をはねた形だった。

中央卸売市場は、築地市場をどう建て替えるかで青島時代から課題になっていた。現地建て替えはそれまでも進めていたが、営業を続けながらだったので、時間も経費もかかるだけで、なかなか進まなかった。そこで豊洲の埋立地に移転する案が浮上し、石原元知事の就任直後から実現に向けた動きが進められた。ところが、予定地は東京ガスの工場跡地だったので、有害物質に汚染されていた。食料品を扱う市場だけに大きな問題となり、都は専門家会議で土壌を浄化したうえで盛り土をして建設すると決めた。新市場は小池知事当選（２０１６年８月）の直前の２０１６年５月に完成し、いよいよ築地から移転するばかりになっていた。

ところが、建物の一部に盛り土がされていないという情報を共産党がつかんだ。地下がコンクリート構造の空洞になっており、汚染土壌対策とは全く違う形になっていたのである。ここに地下水が溜まり、有害物質が検出された。もし、予定通りに盛り土にされていたら、こうした問題は発覚しなかっただろうが、とにかく大きな騒ぎになった。共産党の動きをつかんだ知事が、先んじて問題を公表したため、知事が都庁に切り込もうとしていると人々は思った。

小池知事の「開場延期」決定に世論は湧いた。知事はそれまでも都庁が伏魔殿であるとして、都議会のドンと言われた内田茂・元自民党都議や石原元知事の攻撃をしていたため、格好の追及ネタになった。

――自民党敵視の都議選で「都民ファーストの会」が第一党に――

だが、小池知事は「市場を一度、豊洲に移転した後で、築地に戻す」とか、「築地跡地については食のテーマパーク機能を有する新たな市場として、東京を牽引する一大拠点にする。隣の浜離宮庭園を活用するなど築地のブランド力と地域の魅力を一体化させて食のワンダーランドを作りたい」などと述べて迷走する。都庁内の積み上げは全くない発言だったので、そのたびに庁内は混乱を極めた。しかも、実現困難な内容ばかりで、市場関係者らの批判が相次いだ。

市場は結局、豊洲新市場で土壌汚染対策の追加工事を行ったうえで移転し、18年10月に取り引きが開始された。

小池知事は市場問題以外でも仮想敵として都議会自民党や内田氏を攻撃することで求心力を得て

いった。内田都議の選挙区の千代田区長選では、現職区長を推し、内田氏が推す候補を打ち破った。ただし、千代田区長は知事選で増田氏を推していたので、知事・区長とも信念に基づいた共闘だったかと言われると疑問が残る。

17年7月の都議選に向けては政治塾を開いて候補を募った。猪瀬元知事も塾の講師に招聘したが、猪瀬氏の杜撰な五輪招致計画で数々の支障が起きていることや、5000万円の現金授受で辞任したことは問題とされなかったようだ。両者に共通していたのは都議会自民党と内田氏への敵対心だった。

都議選では知事が結成した「都民ファーストの会」が定数127のうち49議席を占めた。追加公認も含めて55議席を獲得して第一党に躍り出た。この頃が小池知事の人気のピークだった。

――国政進出で急激に失速――

それから3カ月半後の衆院選では「希望の党」を結成し、知事在職のまま選挙選を戦うが、候補者選びで旧民進党からの合流者の一部を「排除」するといった発言や、知事就任1年で都政の足元も固まっておらず、市場問題では混乱を極めるなどしているのに国政へちょっかいを出していることへの批判が相次ぎ、急激に失速していった。衆院議員時代の選挙区の東京10区では、知事後継の若狭勝氏が落選した。

メディアが持ちあげることで政治的求心力を得てきた小池知事だったが、この頃からメディアは手のひらを返したように論調を変え、支持者もどんどん離れた。知事の地元とされる練馬区ですら、区議補選（改選数5）で都民ファーストの会が擁立した2人が共に落選した。

小池知事は、保育所の待機児童減少や受動喫煙防止、時差出勤や在宅勤務などの働き方改革には熱心だが、基本的なところでの振れもある。衆院議員時代は原発事故後も原発の再稼動を支持、「原発ゼロを支持しない」としていたが、希望の党の設立時には「原発ゼロを目指す」とした。

カイロ大首席卒業という学歴についても疑問が呈され、世論が納得する形での決着は見られていない。

──「カワイイ」が好き──

カワイイ動物が好きなようで、上野動物園に中国から借りたパンダが生んだ子に対しては、記者会見で再々「カワイイ」を連発した。世界的に有名なストリートアーティスト・バンクシーが描いたのではないかとみられる「カワイイ」ネズミの落書きも保存した。だが、この時もトップダウンで、都庁内の理論的な積み上げがなかったため、担当局が器物損壊罪に問われる落書きと芸術をどう線引きするかに答えられないまま都庁舎で公開展示するなどした。

新型コロナウイルス対策では、ＷＨＯ（世界保健機関）事務局長が「パンデミック（世界的大流行）と言える」と発言した後も、「（7月24日開幕予定だった）五輪開催に全く影響がないことはないが、都として準備を重ねてきたことであり、中止という選択はない」などと述べた。だが、それからわずか12日後の3月24日、五輪の1年延期が決まると、翌日から「ロックダウン（都市封鎖）」による感染症対策を口にするなどして、姿勢を180度転換させた。

　メディア好きの小池氏であるが、配慮のない言葉で物議を醸すこともしばしばで、コロナ禍で亡くなった東京都東村山市出身のコメディアン、志村けんさんに対しては、「最後の功績」と発言して問題化した。

第2部

自治体としての東京都

◈第１章　都と地方、都区関係

区より市か、市より区か

（２００６年６月号掲載）

サラリーマン記者だった時代に、名古屋から東京へ転勤になった。最初の任地が武蔵野市だと聞かされた時に、何か拍子抜けしたのを覚えている。

「なんだ、区内ではないのか」

単純にそう思った。

実際に転勤してきて、もっと驚かされた。多摩地区の市の職員が、何度も吐き捨てるように、こう言うのを聞かされたからだ。

「あれは不完全な自治体ですから」

「あれ」とは「区」のことだ。

残念ながら、私のような田舎者は「市」よりも「区」の方がすごいとか、偉いとかと信じ込んでいる。自治権が制限された「特別地方公共団体」であるとは知っていても、どうしても思い込みが先に立ってしまう。

その後、市の実情も、区の実態も、深く知るにつけ思い込みは消えた。今では逆に、「市」の方が偉く、「区」は不完全だというのが自分の中での常識になってしまった。

不思議なものだ。そうなると「区」が「市」になりたいというのは当然のことだと、以前とは逆の思い込みが心に腰を据えてしまいそうになる。

最近、都区制度のことを取材することがあって、「特別区」とはそもそも何なのかと、ずいぶん考えた。

制度の説明はいろいろとある。

まず、市と同列に並べられるにもかかわらず、大都市の一体的な経営という観点から、自治権が一部制限され、その部分の機能や財政は東京都が行っている自治体、ということになるだろう。地方自治法を噛み砕くとこうなる。

機能面では、上下水道や消防、大規模な都市計画は、水道法・下水道法・消防組織法・都市計画法で、都が行うよう定められている。

財政面では、本来は市税である固定資産税や法人住民税などを、都が都税として徴収し、23区が「ひとしく」事務を行えるように配分している。その際、都が半分ぐらいを吸い上げて、都が行う大都市事務に充てている。これは地方財政法で決められている。

ではそのエリアはどう決められたかというと、合理的な説明は難しい。

そもそも明治初頭に、旧江戸のエリアが15区で出発し、豊多摩郡やら東多摩郡やらの郡部を取り込んで今の範囲になった。

だが、区部と多摩地区の境界は今や判然としない。埼玉県境も一体化している。河川で接している千葉県や神奈川県も、電車に乗れば次の駅というだけで、どれだけの違いがあるだろう。

狛江市には電話の03地域があり、「成城」と銘打つマンションもある。逆に「武蔵野に住んでいる」と言う人によくよく聞いてみると練馬区民だったということがある。

「市」と「区」は、制度面では明確な違いがあっても、地域としての差はないに等しい。

昨年、特別区協議会の特別区制度調査会が、将来の「区」のイメージとして「市」になるだろうことを打ち出した。都と区は「そもそも23区一体で行わなければならない大都市事務とは何か」の議論を始めており、今年度からは現在の区の境界が妥当かどうか、合併も視野に入れた検討が課題になる。

一方、国には都心区を政府直轄化しようとする動きがあり、「区」の形やあり方は、これから大きな変動期を迎える可能性もある。

住民主権を進める考えからすると、「区」が「市」を目指すのは当然だ。だが、住民は本当に「市」に住みたいと思うだろうか。

「えーっ、区じゃないなんて!」

そう考えるのは案外、田舎者だけではない。80年代に世田谷区が狛江市を抱き込んで政令市になろうとしたことがある。実はその時、「区」の方がいいという人がかなりいた。名称の問題だけでなく、「自治なんてなくても、東京の最も東京らしい特別な地域に住んでいたい」と考える人は、意外に多い気がする。

ややこしい問題である。

ダムは国の事業なのか

（２０１０年2月号掲載）

ワイドショー化が進む報道の悪い癖で、話題になると一気に押し寄せて煽情的に取り上げる。が、少し経てば、記事を見ることさえなくなる。そうした現場に、またされてしまったのが八ッ場ダム（群馬県長野原町）だ。

２００９年8月の衆院選で政権を取った民主党がマニフェストで工事の中止を公約していたため、本体の着工に入る寸前で止められた。ただし現在も本体以外の付け替え道路や鉄道、代替地の工事は行われており、現地では朝からガンガンと重機の音がしている。

まるまる水没するはずだった温泉旅館の組合長と話していた時、彼がふとこう言い出した。

「国が造らないなら、下流都県の広域行政で造ってもいいじゃないですか」

もちろん総事業費の7割を執行し、地元を切り刻んだ末に放置するという国の責任については、別の話だ。

温泉旅館は代替地に移った後、湖畔の宿としての再生に全てを賭けてきた。やむなく水没するなら、ダムを利用して生きていくしかないと、今では水没集落の存亡をダムに託している。だから、水のない湖畔の宿などあり得なかった。それにダムがなければ下流の都県民が困るというのが建設のきっかけなのだから、都県の連合が事業主体になってもいいではないかと言うのだ。

八ッ場ダムは利根川上流のダム群の一つだ。建設の契機は戦後間もなくに来襲したカスリーン台風である。利根川の決壊で埼玉・東京の440平方kmが浸かり、治水計画にダム群が入れられた。その後、人口が急増した首都圏の水道対策としても位置づけられてきた。

このところの議論で、私が非常に疑問に感じているのは、受益とそれによる損害の関係が明確でないことだ。

ダムで恩恵を受けるとされてきたのは下流の都県民である。水没地は一方的に迷惑を受ける。だから造る造らないの議論は、上流と下流の話し合いが基本ではないかと思うのだが、国という事業者が介在しているため、上流も下流も互いに交渉相手は国という不思議な構造になっている。

現在、自治体行政のレベルでは上流も下流も一様に「造ってもらわないと困る」という態度だ。なのに国だけが造るのを止めたと転換している。

では民意はどうかと言うと、衆院選で民主党は水没地の群馬5区で候補を立てず、自民党が社民党を3倍もの得票で下した。東京都は25選挙区のうち22選挙区で民主党が勝った。ただし、八ッ場ダムがどれだけ投票の判断基準にされたかというと、上流と下流では雲泥の差があったに違いない。

都民の生の声は、私の聞いた範囲では「要らない」という人ばかりだった。だが、東京の水道や治水のための事業であることさえ知る人は少なかった。洪水は絶対に起こらない、水は必ず蛇口から出る、誰かがうまくやっているというのが前提だ。万一のリスクには甘んじるのでダムは要らないという態度こそ成熟した民意だと思うが、そうした人はゼロだった。

関係知事は、民主党国会議員出身の埼玉県知事を含めて全員が推進だ。引退した前千葉県知事は、ダム中止を宣言した民主党政権の国土交通大臣と同じ新党さきがけの有力国会議員だったが、知事就任後に推進に転じた。都県の議会では、民主党も推進と反対で割れている。

そうした実情を見ると、「全国の選挙で勝ったから」と即断してしまうのは、がさつに見える。というよりは、そもそも国というレベルで判断する事業ではなかったのではないか。

その意味では、利根川の上下流でこそ是非を議論し、進めるなら広域事業でというのが本来あるべき姿だったのだろう。財源移譲の手法は難しい問題だとしても、そうでなければ、やるにしても、やらないにしても、住民レベルで納得される結論は得られない。

河川事業は流域住民が自ら決め、自ら行う時代である。推進・中止も住民同士でやり合うべきだ。国が主導する現在の混乱は遅れた分権の象徴に見える。

哀れみではなく、お詫びと感謝を

（２０１１年５月号掲載）

東北から関東にかけての大震災で、多くの発電所が停止した。このため電力が足りなくなったとして、東京電力が3月14日から「計画停電」を開始した。首都圏の営業エリアを5グループに分け、輪番で停電を始めたのだ。

「地震で被災した人々は大変なのだから、これぐらいは我慢しないと」

「被災者のために、自分も何か協力しなければいけないと思っているので、節電に取り組みたい」

首都圏の人がそう発言するのをメディアが伝えている。被災地に対する思いやりであるかのように扱っている。

こうした意識の持ち方に、私は大きな違和感を抱く。

東電の発電所で停止したのは、爆発した福島第一原発（福島県双葉町・大熊町）、何とか踏みとどまった福島第二原発（同県富岡町・楢葉町）、津波で一部が壊れた広野火力発電所（同県広野町）などだ。福島県は東北電力の営業エリアなので、これら原発や火発があるのは、首都圏に電力を送るだけのためだ。

東京の電力なのに、なぜ発電所は福島なのか。それは、例えば原発は、万一事故があった場合に、人口の少ない地域の方が被害が少ない、という理由があったとうかがわせる議論が立地地区が選定されたころの国会で交わされている。東電の原発は、いずれも東北電力エリアの福島県と新潟県にあり、これらで総発電量の3割を賄っている。

今回の大震災では、悪いことに「万一の事故」が起きてしまった。福島第一原発で、緊急停止した炉や、使用済み核燃料の貯蔵プールで、爆発や火災の果てに放射能が流出した。双葉町や大熊町などの双葉郡8町村は多くの地区が立入禁止の避難指定区域となり、震災とダブルパンチになってしまった。

こうしたことが、現在の首都圏の電力不足の原因である。

福島第一原発が地元の電力を賄うためのものであるなら、まだいい。遠く離れた東京の都市機能や生活を維持する装置なのである。その都市機能や生活が一部制限されるのを我慢するのは、福島の人が被災しているのがかわいそうだからとか、福島の人のために何かしたいから、というのは「事実」を知らないがゆえの大きな間違いではなかろうか。

むしろ、自分たちの繁栄や生活のために大変な迷惑をかけることになってしまい申し訳ない、停電は当然だし、発電所が立地している地域を犠牲にして生産されている電力なのだから、大切に大切に使わせていただきたい、というのが本当ではないだろうか。これは東電の責任とは別問題である。

どこで造った電力か考えることもなく使い放題にする。福島や新潟がなければ東京は成り立たないのに、それに思いを致すこともない。こうした問題はこれまでもずっと指摘されてきた。そのため、かつての東京都は、副知事が両県に毎年、「お世話になっています」と挨拶に訪れていたが、いつの間にかなくなってしまった。

「我々は危険と背中合わせなんです。原発を止めたら少しはありがたみが分かるでしょうか」。原発事故前にこう話していた立地自治体の幹部の顔が浮かぶ。

都が、原発による電力はどこで造られているかをPRし、節電意識を高めるための事業として行っているのは唯一、1999年に始めたイベント「でんきのふるさと　ふれあいの森」だけだ。毎秋、立地自治体や東電などと実行委員会を作り、新宿駅西口広場でパネル展示や産品紹介をしてきた。ただ、経費は東電持ちで、しかも年に1度だけの開催と、どれだけ熱心だったかは疑問だ。

被災地を哀れむだけで他人事のような都民意識についてどう考えているか、これは今後の節電を進めるうえでも重要なポイントなので、イベントの担当局に聞いてみた。だが、「えっ、都民の感情としておかしいですか。かわいそう以外にないでしょう」と私が何を言っているか分からないふうだった。

本気で節電をPRするなら、これからも東京を維持するには電力が必要で、立地地域の協力があってこそなのだという事実は最低限知るべきだ。感謝しながらの停電でなければ意味がない。

大阪都の衆愚、東京都の衆愚

（2015年7月号掲載）

「大阪都構想」の住民投票が5月17日にあり、反対が賛成を上回った。「都」の話なので、あえて触れておきたい。

まず指摘しておきたいのは、この投票が「住民投票制度の死」を意味しかねないことだ。

首長が「ある施策」について住民の信を問いたい場合、2つの方法がある。一つは自ら辞任して出直し選挙を仕掛けるやり方だ。

これには大きな問題がある。急な選挙になっても対立候補は出にくいので、現職が圧倒的に有利になる。しかも政策への賛否を問う選挙と言いつつ、実際には首長を選ぶので焦点がぼけてしまう。「あの人が首長になるのはちょっと……」というような目で対立候補を見てしまいかねない。だから最後は何を問うたか分からなくなる。こうした出直し選挙は、議会が通さない施策をごり押ししたい首長や、不祥事にまみれた首長が、住民の信任を得た形を作るために行ってきた事例が多く、悪く言えば茶番である。

ならば政策への賛否をもっと純粋に問う方法はないのか。そこで注目されてきたのが、住民投票だった。

ところが今回の住民投票では、橋下徹・大阪市長が「都構想への反対が勝ったら政界を引退する」と公言してきたため、橋下市政への賛否を問う色彩を帯びてしまった。単純に都構想を問う投票にはならなかったのである。メディアはそこを指摘して冷静に書き分けるべきなのに、逆に論点を混濁させて煽りまくった。走り出すと止まらない大阪メディアらしい盛り上げ方だった。

投票結果を受けて会見した橋下市長に、「約70万人が都構想に賛成し、まだまだ政治家として頑張ってほしいと投票した人がいるのに辞めるのか」と質問した記者がいたのは、これを如実に物語る一幕だった。

結局のところ住民投票は、それを実施する首長が自分の身の振り方をセットにして行えば、政策への賛否を単純に問う投票にはならない。メディアが盛り上げれば盛り上げるほど、民主主義から遠ざかってしまう。橋下市長は今回の投票で「日本の民主主義はレベルアップした」と語っていたが、私には逆に見えた。

一方、都構想への賛否で純粋な住民投票が成り立ち得たかというと、これも私は疑問に思う。

それというのも東京に住んでいる私達自身、「東京都」という制度を知らないからだ。確かに都政度は難しい。しかし住んでいる人すら分からない、いや分かろうとしないのに、住んでいない大阪の人が熟知したうえで選択できたかというと、大きな「?」マークが残る。

東京都制度の根幹は「都区財政調整」である。

都心区の潤沢な地方税を、都が召し上げて再配分する仕組みだ。都は召し上げた財源を多摩や島しょの事業にも使っている。これが行えてきた背景には23区が一体だという意識があった。また都が強大な力で地域を色分けして事業を行い、それにより税源が偏在してきたので、行政需要とのバランスを取る必要もあった。例えば都営住宅が多く建設された区は、税収は少なくても支出が多かった。

都区財政調整で、都と区は毎年せめぎ合いを行っている。近年は都心区と山手の区、あるいは下町の区の利害も一致しなくなった。しかしそうした「調整」があるからこそ、都は維持されている。これをどれだけの都民が知っているだろう。メディアも「調整」がまとまった時に、地方版に小さな記事を載せるだけか、むしろ載せない方が多い。そもそも都制度が分かっている記者は多くない。

市長の信任投票と化した大阪の住民投票を「衆愚政治の成れの果て」と批判するのはたやすい。しかし東京都もまた、衆愚政治の上に乗ってはいまいか。それを鏡のように映して見せたのが、今回の住民投票だった。

1350万人の理由

（2016年4月号掲載）

東京都の人口がついに1350万人を超えた。2010年10月の国勢調査を基にした推計人口では、15年11月に超えた形になっていたが、15年10月の国勢調査で改めて推計し直すと、既にこの時点で超えていたことが判明した。大雑把に言って15年秋に超えたのだろう。

16年2月1日時点の推計値は1351万2186人。前年同月比で11万9769人増えた。約12万人と言えば、ちょっとした市に匹敵する人口だ。高知県に当てはめると、高知市に次ぐ第2の都市になる。

都の人口増加をグラフで見ると、高度経済成長期ほどではないが、かなり急な傾斜で伸びていることが分かる。戦後第2の東京集中期に突入していると言って間違いない。

そうした東京では今、まちのイメージを覆すような開発が進んでいる。69万4579人と23区で4番目に人口が多い足立区は、「貧しい」「治安が悪い」などとメディアで酷評された時代もあったが、近年のマンション開発などで面目が一新された。

同区では都の新しい鉄道「日暮里・舎人ライナー」が開業し、この沿線にマンションがニョキニョキと建った。さらに区内の企業が移転するなどしてできた跡地の再開発も急ピッチで進んだ。

千住大橋のたもとの千住橋戸町は、16年1月までの2年間で人口が1214人増えた。企業跡地の再開発が理由である。やはり再開発された西新井3丁目も、同じ2年間で557人増えた。

こうしてマンションや再開発が進み、さらに大学も進出した足立区は、新たな住宅街として変貌している。就労のためにアパートなどに集住していた外国人も、永住を目的にした勤労世帯の居住に変わり、そうした人々の増加が著しい。

「安全安心が区のキャッチフレーズになりました。足立区は落ち着いた住宅街になっているのです」と区の課長は誇らしげに語る。

昨年の国勢調査で24万3390人になった港区は、この5年間の人口増が3万8259人と23区で最も多かった。港区が設置している政策創造研究所の想定では、今後10年で人口はさらに増え、26年には29万7900人になるという。

人口の増加が目立つのは、麻布、高輪である。現在は6万人に満たないが、10年後には双方共に7万人を超える可能性があるという。

両地区は地下鉄などの交通網が東京にしては充実していなかったが、このところの延伸などで飛躍的に利便性が向上した。このため閑静な戸建てなど住宅が残っていた地区に、開発の波が押し寄せている。巨大な開発というよりは、地区ごとのマンション化などが進んでおり、そうした計画を積み上げていくと、前記のような人口増が見込まれるのだという。

加えて港区では、豊かな財源を背景にした子育て支援施策も充実させている。23区で初めて踏み切った第2子以降の保育料無料化はその最たる例だろう。こうした施策は人口が多くなればなるほど財政負担が大きくなるので、小規模の〝辺境自治体〟が子育て世代を呼び込む苦肉の策として行ってきた面が強い。だが、都市部の25万都市が子育て施策に本気になり始めたのだ。「暮らしにくい東京」というイメージが変われば、「田舎」の自治体は対抗できるだろうか。港区は14年の合計特殊出生率１・39を当面維持できると踏んでおり、人口の流入も続くと見ている。

23区は00年の都区制度改革以降、都の内部団体から自律した自治体へと色彩を強め、独自施策を充実させた。政治家が区長になるケースが増えて、住みやすさの追求に本気になっている。

一方……。国勢調査で人口減少率が全国ワースト10に入った奈良県の村に電話してみた。「理由は分析していない。対策も分からない。そもそもあなたのような知らない人には話したくない」とにべもなかった。「東京に住みたい」という若者の気持ちが、田舎育ちの私にはよく分かる。

東京の税は頑張った泉佐野市に移せ
（２０１９年5月号掲載）

「頑張って知恵を使ったところが、かえってお仕置きされるというのは本当に良いのかどうか、私は非常に疑問に思うところであります」。小池百合子・東京都知事がそう語るのを聞いて、やや疑問に思った。３月22日の記者会見でのことだ。

知事は「統一地方選で誰かの応援に行くのか」と尋ねられ、ふるさと納税については聞かれてもいないのに、こう述べた。つまり、自分から言いたかった話だと解釈できる。

ふるさと納税は、実質的に2000円の〝自己負担〟で、自分の納めた地方税を、他の自治体に移動する制度だ。しかし、豪華な返礼品をちらつかせて「寄付」集めに血道を上げる市町村が続出し、都市部の税が流出して財源不足になりかねないことから、極めて大きな問題になっている。

このところ話題になっているのは、大阪府泉佐野市だ。同市は返礼品とは別に、寄付額の10～20％分のアマゾンギフト券を、総額100億円に達するまで配った。たったの2000円で高額ギフト券がもらえるのだから、これほど得なことはない。寄付が殺到して、同市の2018年度のふるさと納税額は360億円に達する見込みとなった。

総務省はこうした手法で巨額の寄付を集めた4市町に対し、災害対応などの経費以外は、3月分の特別交付税を配分しなかった。石田真敏・総務大臣は「財源配分の均衡を図る観点で行ったもので、過度な返礼品を行う自治体へのペナルティーという趣旨ではない」と述べたが、懲罰かどうかが議論になった。

小池知事は「懲罰だ」と言いたかったのだろう。しかし、それ以上にギフト券配布について「頑張って知恵を使った」と持ちあげた。

制度を作ったのは国だ。怪しげなことをする自治体が続出するのは、そもそも制度に問題があるからだろう。ただし、それを脱法的に使ってまでカネ集めに走る自治体の体質や、意趣返しのようにして国が自治体に手を突っ込む問題は、それぞれ分けて議論しなければならない。それが十把一絡げに議論されていること自体、雑に感じる。

泉佐野市長は維新の会のメンバーだ。同党会長の松井一郎・前大阪府知事は「国と対峙してでも泉佐野市民のために財源確保しようという、すごい、相当の覚悟を持った対応だ」と評価した。

3大都市でも、愛知県の大村秀章知事は「常軌を逸している。明快にペナルティーを与えたほうがいいのではないか」と述べ、東京、大阪の2知事とは正反対の考えだ。

ところで、脱法的に「頑張って知恵を使った」例としては脱法ドラッグが思い浮かぶ。法律の規制が追いつかない新手のドラッグのことだ。都は05年、「薬物の濫用防止に関する条例」を制定して法規制が遅れている薬物を取り締まってきた。だが、冒頭の論法を応用すれば、これも「頑張って知恵を使ったところが、かえってお仕置きを受ける」という形になるような気がする。

泉佐野市がカネを集めるのは財政難解消のためだ。財政難は自ら招いたのに、他人の懐に手を突っ込んでまで埋めるのが、道徳的であるかどうか議論があるだろう。北海道夕張市もふるさと納税で実質的な借金返済を行っている。

泉佐野市のギフト券の財源は、寄付をした人が住む自治体の税だ。私はいつも疑問に思うのだが、その自治体の財政が逼迫し、家の前の道路がデコボコになっても、ギフト券をもらった人は地元市町村に直せと言う資格があるだろうか。都内では世田谷区や杉並区が巨額の税流出で財政運営に支障を来し始めたと訴え続けているが、都民はどう考えているのだろう。

小池知事は泉佐野市のような「知恵」を「頑張った」と評価した。ならば都民はもっと泉佐野市に税を流出させて応援すべきではないのか。頑張れ泉佐野市。都内の税はもっと同市につぎ込もう。

〈書き下ろし〉
東京一極集中を人のせいにするな

先頃、2人の20代の若者に会った。

そのうちの1人は九州の町役場の男性職員だ。「東京には憧れます。やっぱり華やかですから」と、目をキラキラさせて話していた。彼はアイドルグループのファンで、東京で開かれるコンサートには再々、飛行機で駆け付けている。「東京駅での乗り換えにはいつも緊張します。駅のどこがどうなっているか複雑で分かりませんから。でも、そうしたことも含めて東京はすごいですよね」。飲み会でそんなふうに熱く語っていたが、彼はほどなく町役場を辞め、県都の公共機関へ再就職した。県都まで車で2時間ほどかかる土地だ。「町長を頂点とした田舎の力関係に息が詰まる」と言っていたので、都市の自由な空気を求めて故郷を出たのだろうか。

もう1人も、やはり九州地区。元地域おこし協力隊員の女性だ。

地域おこし協力隊は、そこで定住するのが目的のはずだが、彼女は「東京での生活に憧れる」と東京の団体に再就職した。

「地域おこし協力隊は地域で大事にされるけど、東京では人間ひとりひとりの存在が軽くて、誰にも見向きされないよ」と、東京から旅行にきた人に諭されていたが、耳に入らないようで、「もうちょっとしたら東京に引っ越します。どんな生活が待っているかな」と頬を赤らめていた。

2人とも、偽りのない地方の20代の姿なのだろう。

彼ら以外でも、「地方」で生まれ育った子が、どれだけ東京に行ってみたいと考えていることか。「行くな」と言う親はあまりいないはずだ。「もはや農業で飯が食える時代ではない。先祖から受け継いだ土地も子を縛る道具にはしたくない。だから子供には自由に羽ばたいてもらいたい」と考える親の方が多いのではないか。

高度経済成長期に集団就職で上京した若者と違い、このところの東京集中は「夢」を叶えるための上京の集積となっている。

だが、いわゆる地方の県庁や市町村では「若者が東京に奪われた」という言い方になる。「教育費もかかっているのに、ようやく税を納めてもらう年代になったら、東京に出てしまう。少しぐらい恩返ししてもらってもいいのではないか」という声を一様に聞く。自分の子が東京に出ているかどうかは別だ。

── 収奪よりも、「運命の子」を大切にすべきだ ──

そうした声に応えるために２００８年、政府が創設したのが「ふるさと納税」だった。

しかし、この制度はまるで物販サイトのように返礼品をチラつかせて、都市部の税を逆収奪するための手段になってしまった感がある。政府が「制度の主旨に反している」として返礼の上限額などの縛りを強化すると、地方の自治体や学者、地方紙から一様に異論が上がる。そうした「収奪」のつばぜり合いばかり繰り返しても何も変わらない。

若者はなぜ東京を目指すのか、「田舎」はなぜ若者を東京に送り出すのかの根本を議論しなければ、何も解決しないような気がする。

収奪の現場は他にもある。政府が地方創生策で田園回帰的な人の流れを誘導したがっているため、Iターン者の誘致を重要施策に掲げる自治体が多い。かなりの経費をかけて、土地の魅力を発信し、都市部で説明会を開き、定住した人への給付的な制度を設ける。その結果、どれくらいの人が定着してくれるかというと、成果は心もとない。

私はいろんな地区で、「なぜ運命の子を手離したのか」と問題提起している。その土地に生まれ、育ち、たぶん愛着を持っていただろう出身者。「夢」を叶えさせようと東京などに送り出した若者だ。彼ら、彼女らは夢が実現できているだろうか。

奪い合うようにしてIターン者を招くよりも、まずUターンを呼び掛けるべきではないだろうか。ただ、そうした施策はどこも希薄だ。おそらく何もしていない自治体がほとんどだろう。自分達の子は東京など都市部に出すがままにしておいて、よその子を奪い合って誘致する。それは、ふるさと納税で都市の税を奪い合うのと、何が違うのか。

―― 1400万人都市になる ――

私は「都政ウオッチング」の連載で、東京都の人口は2020年5月に1400万人を超えると予測した。3月までの人口上昇から計算すると、まさに5月に大台に乗りそうだが、このところの新型コロナウイルス禍でどうなるだろう。ただ、いずれにしても超えるのは間違いない。

これまで東京都は長期計画策定のたびに人口のピークを予想し、「東京の人口は減るぞ、減るぞ」と言い続けていた。しかし、その予想は一度も当たったことがない。小池知事も就任した2016年末に「都民ファーストでつくる『新しい東京』～2020年に向けた実行プラン」を策定し、「2025年の1398万人をピークに減少に転ずる」としたが、やはり外れそうだ。東京の人口増加はいつまで続くのだろうか。

地域が本気になって人口のことを考えるならば、東京や他地区からの収奪よりも、その土地で生まれた「運命の子」に本気で向き合うべきではないか。「運命の子」が楽しそうに生きている土地には、自然に外から人が集まって来るはずだ。

◈第2章　都庁マンと政策

室閥

（2001年11月号掲載）

名前は一応、伏せておこう。

東京都庁では課長級の副参事以上が「幹部」とされているのだが、幹部が十数人という、小さな「部署」がある。その3分の1が、この夏、「別のある局」からごっそり異動して来た。就いたのは枢要ポストばかりだった。

「露骨すぎるよ。側近を連れてきて固めちゃったんだから」。

人事通の課長が呆れていたので、なるほどと思い出した。その「部署」には、「別のある局」のトップが大栄転で移ってきたばかりだった。

「一つの局に、別の同じ局から3、4人が異動する例はありますす。幹部人事は各局の状況を見ながら、ローテーションも考えて総合的に行っています」

と、人事担当者は言う。オフィシャルコメントはそうだろう。だが、私は目の覚める思いだった。

なるほど、こうして閥化するのか。

「都庁には学閥もキャリア制度もない。これほど民主的な組織はない」

青島幸男前知事がこう言っていたのを思い出す。

確かに、学閥は希薄だ。最近は東大の結束力や局長人事での優遇が噂にはなるものの、閥とまではいかない。「石を投げれば中央に当たる」と言われるほど中央大出身者が多い中では学閥が構成されにくかった面もある。東大が跋扈してきた国に対して、幹部試験は「出身校によらず、実力本位」が、都の誇りだった。

だが、「室閥」とでも言うべきものがある。同じ部や課にいたとか、ラインの上下だったとかで、「同じ釜の飯を食った仲」が群れていく。

元副知事の名を冠した「○○学校」。ある都税事務所に勤務した幹部と労組が縦につながった「△△学校」。そんな名前の大派閥が公然とあった。そのいずれもが、なぜか青島時代に自然消滅してしまったのは不思議なことだ。あの時代、バブル経済が崩壊して拡大基調だった世の中の仕組みは変わらざるを得なくなった。イケイケドンドンだった都政も体質変換を迫られた。人事的には大きな曲がり角だったのだろう。

ただ、小さな「室閥」は一般には見えない形でいくつもある。総務局人事部の出身者の「人勤族」、総務局行政部系の「行政部人事」、一家と言えるほどの「港湾局人事」。他にも、残党だの、一派だのが、脈々と生き続け、政界と同じく再編の時期にある。

都庁の人事は、春と夏の二度行われる。春は概ね課長以下。夏は局長から課長までの幹部異動だ。

二度なのは、事務の引き継ぎをスムーズに行うためだ。全体の異動は春までに固めてしまい、まず「下」が動く。ひと季節移って慣れた頃に「上」が動く。ところが今夏の人事は、何人かの局長が、「この課長はウチにはいらない」。

「あの部長が欲しい」。

と言い出し、大慌てで「夏」を組み直したため、一部で混乱した。

さらにここまで行くと笑い話に近いが、局長車の運転手まで連れて行った人もいたと聞いた。

政治の世界の閥は政権をとるための闘争集団だ。行政の世界でも、やはり政策形成の主導権を握るための側面が強いだろう。「仕事ができる」部下を集め、集団化して中枢を目指す。

石原慎太郎知事のもと、都庁内では今、中央集権化が進められている。「陸軍参謀本部」と位置づけた知事本部政策課の新設は象徴的だ。閥とは別に個別の加入の売り込みもあると聞く。

先日、鳥取県に取材に行ったところ、「実力のある人間こそ県民に接する部署に出す」と、閥を解体してポンポン現場に出していた。

およそ組織社会では、そこそこの実力があるからこそ、集団化して主導権を得たがるものだろう。日本社会の写し絵たる役所はその最たるものだ。

だが、「公共の福祉」を実現する手段として、実に閥化・集権化で上から打ち出すのがいいのか、分散化で現場重視がいいのか。それが、都道府県最大と最小の自治体で「道」が分かれたのは、実に暗示的だった。

三位一体の〝割引率〟（2005年1月号掲載）

田舎の自治体の財源を絞れば、国家財政の赤字がなくなるかのようなデマを、政府関係者が流している。「自治体はバカなことばかりやる。特に地方は公共工事で税金を食い散らし、国の赤字を膨らませたから、これを征伐すれば赤字が減る。地方は日本のお荷物でしかないので、田舎への財源を削いで都市住民の投資を増やせば、国の歪みも直せる」という論である。

都庁内でも、そう信じ込んでいる人が結構多い。だが、それを言うなら、国が田舎の自治体に過大な借金ができるような仕組みを作ってそそのかし、国と自治体に企業や住民も加わった四位一体の共犯で、しかも都市の自治体も含めて皆で税を食い散らした結果ではなかったか。そもそも独自財源の乏しい日本の自治体に政策の主導権などどこまであったのか。

ただ、一方では自治体の側にも不思議な幻想が広まっていた。

国にそそのかされて行った事業で借金まみれになっていても、合併や税源の移譲がなされれば、かなりの部分がチャラになるというような気になっていたのだ。

税源については移譲されたとしても、ほんの一部でしかなく、むしろ国庫補助負担金にしろ、地方交付税にしろ、国が切ろうと思えば、切られただけなくなる財源の方が大きい。こうした認識が出てきたのはつい最近のことだ。

ところで、そのわずかに移譲される税源だが、個人住民税を比例税率化すると地方の財源が増えるとされている。５％・10％・13％という累進課税だった個人住民税を一律10％にフラット化すれば、５％だった人が10％になるなどして、３兆円の地方税が増え、その分は国税が減る計算なのだという。

机上の計算ではそうかもしれない。

だが実質は、減っただけで終るのではないかという危惧が出始めている。

それは自治体の徴税能力によって、10移譲されるものが、７にも、５にも、３にもなるからだ。

国税と同じレベルの徴税ができれば、移譲額は計算通りだろうが、都道府県や市町村に徴税力がなければ、獲らぬタヌキの皮算用になりかねない。つまり、自治体の能力によっては移譲される税源が割り引かれてしまう。

国に向かって「税源をよこせ」と叫ぶのはいい。しかし、自らも律しておかなければ、税収は減るわ、厳しく取り立てた住民から恨まれるわで、踏んだり蹴ったりになりかねないのだ。

こうした三位一体改革の隠れた焦点が顕在化していない現状ではあるが、それを見越した試みが行われている。しかも、それが東京以外の自治体をバカにすることが甚だしかった都庁でなされているのだから、驚くべきことだ。いや、心強いと言うべきか。

この試みは、「徴収サミット」という催しだ。都主税局が事務局になって、全国の税務担当者に参加を求め、滞納整理などの新しい技法や問題点を共有し、解決していこうとしている。

11月の第2回会合では、差押え動産のインターネット公売（都）、自動車税の莫大な滞納者データの自動並び替えシステム導入（都）、自動電話催告システムの開発（東京都稲城市）、収穫前の稲の差押え（福島県）、軽油密造摘発の自治体連携（群馬県）などの先進的な事例が発表された。参加した担当者達はメーリングリストで日々、悩みと解決法を議論している。

税源移譲が本格的に始まれば、自治体も滞納整理には、家宅捜索や差押えという強行手段を使わざるを得なくなる。さらに暴力組織を背景にした不正の摘発に乗り出すことにもなるだろう。しかし、そうしたノウハウを持っている自治体は、今のところ都の主税局だけだ。技術を惜しみなく共有し、自治体の壁を乗り越えて税の公平性を担保しようという意気込みは、率直に評価したい。

近年のモンロー主義路線と独善的な考え方が祟り、「自治体の雄」と呼ばれなくなって久しい東京都だが、ようやく「本来の都庁らしい行動」が出現した。今回はちょっと、ほめすぎたかもしれない。

コピー刷りのベストセラー

（2006年1月号掲載）

都庁に今、隠れたベストセラーがある。9月の配付開始から2カ月も経たないうちに1000部が出た。おそらく知事の著作も足元に及ばない〝売れ行き〟だ。同じ内容はホームページにも載せているが、どれくらいのアクセスがあったか分からないほどだという。

ただし、たった32ページのコピー刷りでしかない。

『民間建築物等のための「建築物アスベスト点検の手引」』という。「なんだ、普通の冊子か」と思われるかもしれないが、この冊子がすごいのは、アスベストを含有する建材などの製品を一覧にしてズラリ並べたところだ。

全国に例がない。

吹きつけアスベストに始まり、ロックウール、塗り壁材、保温材、耐火被覆板、断熱材、吸音天井板……。約90の商品について、名称、生産時のメーカー名、現在のメーカー名、含有アスベストの種類、含有率、製造開始年、無アスベスト化した年、製造終了年を表にまとめた。「取扱僅少（メーカー自己申告）」だとか、「仕入れ品（非自社製造品）であるため、製造を取扱いと読み替えて記載している」だとかも細かく記してある。それだけではない。この表の良心的なところは、分からないことは「不明」として全部掲載してある点だ。例えば現在のメーカー名も、アスベストの種類も、含有率も、製造の開始・終了年も一切分からなくても、それはそれとして載せている。

本来なら政府が当然やるべき仕事だが、そこまで手が回らないのか、やりたくないのか。ただし、民間建築物の調査や解体は、こうして手をこまねいている間にも進んでいて、現場では「どの建材にアスベストが含まれているのか」と混乱しているのが実情だ。それに唯一答えることができるのが、この「出版物」だ。

もともとは内部資料だった。アスベスト被害がメーカーから明らかにされ、政府が後手に回りながらも各都道府県に調査を依頼したのが発端だった。政府の調査が混乱を極めたことはご承知の通りだが、文部科学省や厚生労働省は、吹きつけアスベストの調査に、ある特定の断熱材についての項目を加えて依頼するなどしたため、都道府県の調査にも混乱が生じた。「ならば」と、都は何を調査するかの検討を独自に行い、具体的な商品名をずらりリストアップしたのだった。

業界団体を通じての作業は行わなかった。というのも、「業界団体は最も遅れた社も含めた護送船団の体質がある」（職員）から、素早い作業が期待できないからだ。このため都の担当者が直接メーカーに問い合わせて表にしていった。これは軽油の低硫黄化でも都が用いた手法で、業界団体に依頼していたら埒が明かないから、個別に対応可能な社へ持ちかけることで事態を動かした。

出来上がった表は、民間建築物でも使ってもらうために公表し、それがベストセラーになったのだ。しかし作業を行ったのは、１人の担当者だそうで、やる気になればできるものである。

アスベストは１０００万トンが輸入され、うち９割が建材に利用された。現在も多くが使われており、解体のピークはこれからになる。全国では現在ある建築物やその解体に規制を設ける条例がどんどんできているが、そうした府県で業者が作業する時にも、この表は重宝されている。商品としての使用実態がいま一つ明らかでないからだ。実際にある県の業者説明会では、職員がこの「出版物」を参考にするよう指示している場面に出くわした。

ただ、表は完全ではない。グレーな建材は、含有が判明し次第加えているのが実情で、それがためのコピーである。で、ちょっと提案なのだが、全国の自治体でこの表を点検して加えるべき内容を都に知らせてはどうだろう。情報は多いほどいい。盲点を補いながら都でまとめれば、さらに素晴らしい資料になるはずだ。

「出版物」は都のＨＰからどうぞ。

若者ほど住みたくない街になる？

（２００８年９月号掲載）

東京都は都政モニターという制度を持っていて、毎年「東京と都政に対する関心」という意識調査を行っている。これが知事の支持率をうかがう数字になっていると、度々紹介してきた。

それが今年、ガクンと落ちた。

「支持率」に関係するのは、「都政への親近感」と「都政への満足感」を問う数字だ。

「親近感」については、「親しみを感じる」という回答に「どちらかといえば親しみを感じる」という回答を合わせた「親しみを感じる」派が49・8％と、石原慎太郎知事が就任して初めて過半数割れした。

「満足感」についてはさらに酷く、「満足」と「どちらかといえば満足」を合わせた「満足」派は42・0％。こちらも初めての過半数割れではあるが、かなりシビアな数字になった。

都政モニターは、公募した500人の都民で構成される。都政への関心が高く、「普通の都民」より都政に甘い数字が出やすいと言われている。

それでもこうなのだから、世論はかなり厳しいと考えた方がいいだろう。

「満足感」について少し詳しく見ると、驚くべき結果になっている。「満足」派の中でも純粋に「満足」と答えたのは、たった1・8％しかなかった。年齢別では「40代」が０％。職業別では自営業と学生が０％というありさまだった。

「不満」派の理由は、第1位が「政策への不満、取組が不十分」。つまりは、「今の都政は政策がダメだ」と言われているようなものだ。不満の多い政策分野から並べると、新銀行東京、東京五輪招致、医療福祉、地域格差――の順になっていた。

新銀行は、石原知事のトップダウンで決まった政策で、都が１０００億円をポンと出資して設立。赤字企業に無担保スピード融資をするというビジネスモデルが破綻して巨額の赤字を抱えた。このままでは経営が立ち行かないことから、この3月議会で４００億円を追加出資をするよう都議会で決まった。

「税を無駄に使った」「責任逃れの知事にいい加減にしてもらいたい」「焼け石に水の追加出資」「都民、国民を軽視している」「都政を応援したいが責任回避は知事らしくない」「責任の解明も不明瞭のまま、議会で多数の暴力で押し切ったのは理解できない」

新銀行東京に対する意見例として挙げられた文面を見ていると、銀行の是非もさることながら、追加出資のやり方に、極めて大きな不満が存在していたことが分かる。

「追加出資等で、議会での議論が必ずしも深まっていない段階での決断が目立つ」と、石原都政の本質を突くような意見もあった。

知事の支持率や、都政への満足度が落ちただけならまだいい。調査には、「東京都に住み続けたいか」と問う項目もあるのだが、「住み続けたい」という回答が減った。２００4年からずっと上昇していたのが、1・8ポイント落ちて、89・1％になったのだ。

深刻なのは年齢が低くなるほど「住み続けたい」割合が落ちることだ。特に20～30代で低い。これでは東京はいずれ衰退してしまうのが目に見えている。

というのも、東京の活力を支えてきたのは若者だ。ただし、東京都の出生率は低く、地方で生まれ育った若者を吸収することで都市の力を発揮してきた。これについては他県出身者が多い都庁の人材についても同じ構造だろう。なのに、若者ほど住みたくない街になってしまったとしたら、どうか。

若者は住みたくない。高齢者ほど住み続けたい。

この傾向が今後も顕著になっていくとしたら、高齢化率や医療費は急速に上昇して、都庁も辺境の自治体を笑っていられなくなる。

政策が不十分だからそうなった。

そう言われないための分岐点。今年のモニターからの警告なのである。

名前を持て、そして気概を持て

（2009年10月号掲載）

「なんで書いたんだ」

都政の記事でそんな抗議を受けたことがある。間違っていたわけではない。「コメントになぜ俺の名前を載せたのか」と言うのだった。

相手は都庁某局の総務課長。

都庁には各局に総務課長がいて、筆頭課長の立場にある。局で何かあった場合には取りまとめ役となる。

問題の記事は、出張旅費の一部などをプールした不適正支出、つまり組織的な裏金についてだった。その存在が、ある団体の調査で明るみに出て、局の責任ある幹部のコメントを求めた。残念ながら総務課長は名前を出して取材に応えるべき立場にあった。

いくら説明しても彼は理解してくれなかった。

「じゃあ、どうすれば良かったと思っているのですか」と、私は尋ねた。彼は「名前は入れずに、『局はこう話している』とだけ書けば良かったんだ。名前を出された俺がどれだけ迷惑をしているか」と言った。だが、それはできない相談だった。こうした記事の場合、特に公共団体の不祥事では、誰が発言したか分からないようなオフィシャルコメントは、公式見解の意味をなさないからだ。責任者が自らの名前で抗弁するなり、釈明するなり、あるいは謝罪するのが住民に対する役所の責任である。「自分が出たくない」と言うなら、名前を出せる上司に対応させるべきだった――。

と、長々書いたが、実はこれは前の青島幸男知事時代の話である。「な～んだ、昔の話か」と思われるかもしれないが、そうとも言えない。石原慎太郎知事になってからは普通の取材でも「名前を出すな」と言う職員が増えたからだ。

「名前は書かないで」と最後に念を押される場合もあるが、「これは名前の出ない取材だよね」と断ってから応じる職員もいる。「取材しないで書いたことにしておいてくれ」と言われた時には、驚きの余り言葉がなかった。

しかし、どうしてそこまで名前を出されるのを嫌がるのか。

「記事のちょっとした書き方でも、知事や側近の癇に触れれば、要らぬちょっかいが入る。その対応がわずらわしいし、そんなことで異動でもさせられたら馬鹿らしい」（職員）という意識が働いているからだ。これは「いい記事」の場合でも変わらない。「知事や側近に目をつけられるとろくなことはない。とにかく目立たないでいるのが一番」と言うのだ。

こうした「匿名希望」に出会うたびに、あの総務課長を思い出す。不祥事でもないのに、何にびびっているのか、と複雑な気持ちになる。

「匿名」を持ち出す職員は、必ず知事や側近のことを引き合いに出す。メディアに「強権」というイメージを流通させられている知事のせいにしてしまえば、通りやすいからだ。

だが、本当に知事や側近のせいなのか。

私は、そうとばかりは言えないと感じている。あの総務課長のように、都の職員には以前から「名前を出されたくない」という意識が強かった。しかし、「取材に応じなければならない立場だから」と仕方なしに応じていた管理職がかなりいた。今にして思えば、あの総務課長は自分に正直だっただけなのだろう。

しかし、知事の交代で「名前を出すな」と言える雰囲気が庁内にできた。それをいいことにして、匿名という安全地帯に逃げ込む職員が少なくないような気がする。

匿名は無責任につながりやすい。都庁がそうだとは思わないが、後ろ暗さの裏返しでもある。匿名を多用しているうちに、実際の仕事ぶりが後ろ暗くなってしまう危険性はないだろうか。

自治体の雄・都庁の職員には正々堂々としていてもらいたい。自信を持って主張し、首都の公務員として信ずるところを貫いてほしい。

名前を持て、そして気概を持て。

エールを送っておきたい。

涙鍋

（2012年2月号掲載）

「鍋をつつこうよ」という誘いがあり、忘年会になった。その人、つまり都庁の幹部氏は、全国を歩いている私の話をいつも楽しみにしている。だが、彼が面白そうに聞いているのを見ると、かつて「自治体の雄」と胸を張っていた都庁の職員も、意外に自分達以外のことは知らないのに驚く。

今回、彼が最も興味を示したのは、福島県の村だった。東京電力福島第一原発の事故で避難している自治体である。

この村は避難自治体でもほとんどメディアで取り上げられることがない。地味と言ってしまえばそれまでだが、いわゆる堅実な行政体質を持っているのが理由だろう。派手なことはやらないから、記事にはなりにくい。だがその分、財政運営も手堅くやってきて、標準財政規模と同額ぐらいの基金を貯めていた。

福島の原発立地町の中には、豊かな税収や交付金を背景に基金を90億円も貯めていた町がある一方で、事業のやり過ぎで借金まみれになり実質公債費比率が全国ワースト6になった町もある。

忘年会で話題になった村は立地団体ではないので財政基盤は貧弱だ。事業は極力我慢して、こつこつ貯めてきた。

「我慢した」事業の一つに下水道がある。一度は担当者が「やります」と国県に対して手を挙げた。いわゆる農集、農業集落排水処理施設を建設しようとしたのだった。ところが、財政サイドが「待った」をかけた。議論した末に村が導き出したのは「下水道事業は行わない。しかし合併浄化槽を設置する際には村単独の補助を上乗せする」という結論だった。

この選択は、今になって見れば大正解だった。もし下水を造っていれば、避難して使えもしないのに建設費の返済だけが続いていたはずだ。その分の財政が身軽になっただけでなく、こつこつ貯めてきた基金で避難中も機能を維持しなければならない社会福祉協議会の経費などに充てることができた。

「人口密集地以外の下水は合併浄化槽で充分なのに、事業費の余った国が『事業をしろ、事業をしろ』と建設させてきた。その結果、多くの自治体が借金まみれになった。これは国策の罪ではないか」といつも主張している都庁幹部氏だけに、村の話にはいたく感動したようだ。そして寂しそうに、こう語るのだった。

「俺は自治体職員として、本当はそんな仕事がしたかったんだ。不必要なことはやらない。でも困ったときこそ手を差し伸べられるような行政だよ。なのに今の都庁は何か話題になることばかり探している。東京五輪の再招致しかり、新銀行東京しかり。知事に諫言するような職員もおらず、それでどれだけ無駄なカネを使ってきたか」

酒の勢いも手伝ってか、幹部氏は目に涙をためて力説する。

その顔を見ていると、こちらの方が辛くなった。実は近年、ずっと気になっていることがある。退職していく都庁の職員で、「都民のために頑張った」「充分やり切った」と満足気に話す人にほとんど出会わなくなったのだ。逆に「あんな仕事は本当はやりたくなかったんだ」と吐き捨てる職員が増えた。「これでようやく開放される」と、せいせいした顔で辞めていく職員もいる。組織として極めて重篤な問題を抱えているのは間違いない。

「都民のために尽くしたいと思って選んだ職場なのに、知事個人に尽くしているような気になるのが原因じゃないでしょうか。都民に選ばれたはずの知事ではあるけれど、その先に都民がいるとは、なかなか感じられないのです」と分析する職員もいる。

「知事個人に尽くす」のなら、知事だけを見ていればいい。全国の自治体の動向など気にはならないだろう。それが他団体への関心の薄さにつながりつつある。それが現在の都庁ではないか。

涙目で盃を干す幹部氏を見ていて、そう思われた。

第五福竜丸の存在感

（２０１５年４月号掲載）


「東京都って最近、影が薄いよね」。こんな声を耳にすることが増えた。「都の発信力」は「都知事の発信力」によるところが大きいとされている。ならば２０１４年２月の就任から1年が経過した舛添要一知事の発信力が乏しいのだろうか。

振り返ってみると、石原慎太郎知事時代には知事側近らが「とにかく話題になるものを探せ」と、都庁組織を締め上げて話題づくりをさせていた。常に話題にならなければ支持率が保てないという危機感があったのかどうかは分からないが、知事サイドは話題になるものばかり追い求める傾向を強め、次第に都民生活に関係のある行政とは二極分解する構造を作ってしまった。石原氏が後継指名して、１年で辞職した猪瀬直樹知事時代にも、「話題探し主義」は引き継がれ、試行だけで終わった終夜バスを走らせるなどした。

こうした約15年間の都政では、メディアに取り上げられることが発信力につながると信じられてきた。存在感を得るための哲学としては極めてお粗末だったように感じる。

本来の都の存在感は、都民の共感を背景にして政府に楯突くような政策を打ち出してきたから得られてきたのではなかったかと思う。東京には一極集中で得られた豊かな財源があり、これを背景にして住民の側に立つことができたのである。

そうした中に住民運動を発端にした施策があった。以前、この欄でも紹介したが、開発から守り公園化したＪＲ国分寺駅前の殿ヶ谷戸庭園は最たる事例だろう。第五福竜丸展示館もそうだ。

第五福竜丸は静岡県焼津市のマグロ漁船だったが、１９５４年に米軍がビキニ環礁で行った水爆実験で被曝した。乗組員23人の推定被曝量は１７００～６０００ミリシーベルトというから、東京電力福島第一原発の事故など全く比較にならない高レベルだ。治療中に無線長が亡くなった。

船は政府が学術研究の名目で買い上げたが、国立東京水産大学（当時）の練習船になった後、67年に廃船とされた。これが都のごみ捨て場・夢の島に係留される形で打ち捨てられていたことから、都民の間で大きな話題になった。26歳の会社員が「沈めてよいか第五福竜丸」というタイトルで新聞に投書すると保存運動が広がり、最後は都が引き取って、公園化した夢の島に展示館を建てた。

政府が捨てた被曝船を都が拾い、平和を語り継ぐ拠点にしたのである。だが、都がどれだけ船を大切にしてきたかというと、ややお寒い。展示館を雨漏りのするまま放置していたこともある。「静岡の船を東京がカネを出して保存する必要はあるのか」などと言う議員もいた。一方では、「米国の傘下で被曝そのものを忘れたい政府に楯突き、ごみの中から船を拾い出した都民の心意気を展示しているのだから、東京で保存してこそ意味がある」と話す議員もいたが、もう引退してしまった。

先日、展示館を訪れた。全国の児童生徒が持参した千羽鶴が飾ってあった。しかし、暖房がよく効いていなかったせいか、場内は底冷えしていた。近くの都立夢の島熱帯植物館がほかほかとしていたのとは対照的だった。

展示を見ていて気になった。第五福竜丸のことはよく分かる。だが、ビキニ環礁の核実験では他にも全国で約1000隻が被害を受けた。乗組員は風評被害や差別への不安から口を閉ざしたが、何ら補償もなく病死した仲間のことを語る漁師が近年出始めている。政府はこうした乗組員の健康調査などを米国に提出していたのに、「資料は確認できない」と嘘をついていた。ところが実は保存していたことが昨年判明し、乗組員の追跡調査を求める声もある。そうした動きは展示の中でも知りたいし、国が消したい資料や1000隻のその後の情報は関係各県との連携で集める仕組みが作れないものかという気がしたが、今の都に政府の向こうを張る気概はあるだろうか。そもそも都がやる必要はないと両断されて終わりだろうか。

「都立」の使命と雑な議論（2020年2月号掲載）

「毎年400億円もの赤字だ」という批判がある。都立病院である。数字だけ見ると、確かにすごい額だ。しかし、本当に内容を知ったうえでの批判なのか。いつも疑問に思う。

私が都庁の職員に何度も聞かされてきたのは「都立病院は最後の受け皿」という言葉だ。民間病院は感染症などの患者を受け入れたがらない。大学病院も自分の研究には興味を持つが、それ以外にはかなり冷淡な部分がある。

医療機関が少ない地方では、どの病院も可能な限り患者を受けようとするが、民間病院や大学病院が多い東京は違う。都立病院は「行き場を失った患者の受け皿」だというのだ。

元をたどれば、都立病院は１８７９（明治12）年、コレラなどの伝染病や精神疾患の対策で開設された。その伝統は脈々と受け継がれていると言っていい。

精神疾患の病院はその後の１９１９年、第５代院長が荏原郡松澤村（現在の世田谷区）に新病院を建設し、当時は当たり前だった手かせや足かせを禁止した。隔離と閉じ込めから治療へと転換を図り極めて開明的とされた。これが現在の松沢病院（８９８床）で、精神科専門病院としては国内トップクラスの診療をしている。

都立病院の使命は「行政的医療」だ。

法令で行うよう定められた医療（災害時医療、精神科救急など）、▽社会的要請があり、特に対策を講じなければならない医療（難病、周産期、救急医療など）、▽新たな課題に先導的に取り組む医療（小児精神医療など）が当てはまる。これらは都だけの問題では済まない。感染症一つとっても、人口が過度に集積している東京で問題が起きれば、流行が全国に拡大しかねない。

約４００億円はこうした目的のため、税で賄うべき費用として一般会計から支出している。それを無視して、単純に普通の病院と比較し、赤字だと攻撃するのは正しいだろうか。正確に言えば「赤字」ではなく一般会計からの繰り入れである。

もちろん行政的医療の内容については、常に支出項目が妥当かどうかの検討をしなければならないが、それでも支出すべきではないと言うなら、災害医療も、救急医療も、精神医療も、小児医療も全て経済原理に任せるべきだ。

ところで、都立は8院あり、松沢病院のように行政的医療に特化した病院がある。小児医療センター（府中市）と、神経病院（同）もそうだ。

広尾病院（渋谷区）は島嶼部からヘリコプターで患者を受け入れる。大塚病院（豊島区）は周産期・小児医療などに特徴を持つ。駒込病院（文京区）は「がん・感染症センター」と称している。墨東病院（墨田区）と多摩総合医療センター（府中市）は比較的医療資源が乏しい地域の総合病院で、様々な行政的医療も行っている。

これら8院について、小池百合子知事は昨年12月の都議会で独立行政法人化すると表明した。既に外郭団体の保健医療公社に移管するなどして切り離した6院と共に計14院で法人化させるのだという。

これについては、驚愕の事実が明らかになった。知事決定を事務方トップの病院経営本部長が知ったのは、都議会表明の場だったというのだ。

独立行政法人化は18年1月、外部有識者で構成する都立病院経営委員会が提案し、病院経営本部が検討してきた。それが煮詰まってゴーサインが出たわけではなく、独断だった。

病院経営本部は知事表明後、バタバタとビジョン作りに追われた。

行政的医療を行う専門病院と、地域に密着した医療を目指してきた公社病院を同じ土俵で扱うのは難しい。しかも、独立行政法人は民間の論理でコストを縮減するのが目的の一つだ。このため行政的医療の存続に不安を持つ人が出ている。メリットやデメリットの都民的な議論がないままの独断なのだから、不安がられて当然だ。

命の問題があまりに雑に扱われている。

〈書き下ろし〉

とさかは鶏がなければ生きられない

「鶏のとさか」。都知事のことを、こう評した都庁の元幹部職員がいる。

都政を実質的に動かしているのは巨大組織の都庁の職員だ。知事はそのトップとして君臨し、頭の上で赤くひらひらと目立っているが、頭や体があってこそのとさかである。逆にとさかがない鶏も、鶏ではない。

鶏は都民の代表であるとさかに、どのような形で頭の上に乗っていただくかを考える。とさかの思いを実現させるようにと動く。そのとさかが一度動き始めれば、鶏は全身で活動を始める。こうした両者の関係が都知事と都庁だというのだった。

別の元幹部職員は、「我々は都知事の声にずっと耳を澄ませている」と言っていた。

知事は定例記者会見をはじめとして、様々な場所で、様々な発言をする。その発言ひとつひとつにどのような思いが込められているかを汲み取り、具体化させていくのが職員の役目だというのだ。

2人の話は、まさに都知事と都庁の関係を言い当てている。

都庁という組織は、まるで独自の生き物のような形で存在している。その生き物とは別に生きている都知事というとさかがある。だが、都庁組織は勝手に動いているわけではない。とさかの声に耳を澄ませ、とさかの思いを実現させるべく、様々な案を練る。

両者の共闘関係、もしくは緊張関係が、あの異形をした都庁舎の中にはある。

建築家の故丹下健三氏が設計した都庁舎は、極めてユニークな形をしているが、ごつごつした壁面は城壁をイメージしたものだと教えてくれた職員がいた。人は石垣。都庁の職員が都知事を支えている象徴的な建物だというのだった。

―― 共闘と緊張の関係が崩れた ――

その両者の関係が崩れ始めたのは青島幸男元知事の時代ではなかったかと思う。

職員達は知事に様々な提案をしたが、世界都市博中止の後、あまり元気のないまま4年間の任期を過ごした青島氏は、そうした案を実現させるべくとさかとして輝くような行動には出なかった。「知事が責任を持って動かないようでは、我々も体を張って政策実現などできない」と、当時の幹部職員には何度も聞かされた。

石原慎太郎元知事の時代には、とさかが鶏をつまみ食いするようになった。見映えの良さそうな政策は、さも自分が動いて実現したように振る舞うが、関心がなければ見向きもしない。動いた結果が悪かったり、失敗したりすれば、担当幹部が飛ばされた。こうしたことが重なって、石原氏は職員の信頼を失っていった。

一方、この時代には、知事や側近にすり寄る職員もいた。都庁は独自の試験制度や人事評価で昇進が決まっていくが、出世から外れた職員や、それまであまり注目されなかった局の職員が、自らを知事に売り込む形で出世していった。そうした職員は、知事がつまみ食いしたくなるような提案をすることで、ぐいぐい昇進していったのだが、都庁内には人事的な亀裂が生まれただけでなく、別の職員が後で尻拭いをしなければならなくなる場合もあった。

小池百合子知事は「都庁はワンチーム」と述べている。だが、「実際には職員を信用しない」（幹部職員）と言われる。

豊洲新市場への移転や旧築地市場の活用を巡る様々な発言はその典型例だろう。「職員と知事の乖離は都政史上最悪と言っていいほどで、『石原都政は良かった』と懐かしがる職員がいるほどです。どれくらい深刻か」と話す職員もいる。

ただ、鶏はあくまでとさかを支える存在だ。信用されなくても知事の声に耳を澄ませ続けているのが都庁なのである。

――人材の宝庫なのに――

都庁は人材の宝庫だと思う。

教員、警察、消防なども含めると2020年度の定数は16万9475人。知事部局や行政委員会、公営企業などの狭い意味での都庁職員だけでも3万9104人いる。

もはや一つの市と言ってもいいぐらいの人数だ。

しかも、様々な関心を持ち、様々な趣味を持っている人の集まりだ。それだけではない。概して真面目で熱心な人が多い。ひとたび事があらば、庁内に泊り込んで仕事をすることも厭わない。

かつては「忙しすぎて机の下で何日か寝たので、ヒゲが伸びた」という職員もいた。今ならブラック職場として許されないのだろうが。

そうした職員の才能を、なぜ十分に生かせない都知事が続いているのだろうかと不思議に思う。

とさかは鶏がなければ生きられないのに。

あとがき

19年近くにわたって書いてきた連載「都政ウオッチング」は、「辛口」と言われることが多かった。中立報道の原則を貫いてきたつもりだが、多くのメディアが知事や都庁に対して甘口になり、私の原稿だけが辛く見えるようになった。

その傾向は石原慎太郎元知事の時代に顕著になった。石原都政ではなんと知事応援団を公言する記者が出現し、問題を指摘する記者はあからさまに遠ざけられた。会社が忖度（そんたく）して、他部署に異動させたクラブ記者もいた。結果として、課題のある施策が〝野放し〟になり、バランス感覚を欠いた政策も増えた。

このため政権が代わると、石原氏の副知事だった猪瀬直樹元知事は別にして、舛添要一元知事や、現在の小池百合子知事は、石原氏の失政を指摘し、施策転換を図ることで都民の支持を得ようとした。

この欄の「辛口」が間違っていなかったことは、くしくも後の知事によって証明された形になる。ということからも、現知事に対する「辛口」は後に正しかったと証明されるはずだ。

実は、こうした「辛口」の支えになってきたのは都庁職員だった。彼らは不思議な体質を持っていて、考えていることと、行うことがかなり違う。トップが指示し、組織決定されたことは、そつなくこなす。ただし、心から正しいと思っているとは限らない。東京五輪の招致はその最たる例だ。

だからだろうか。「辛口」が好まれたり、書かれた本人から「よく問題点を指摘してくれた」と感謝されたりするケースがあった。

そうした意味では、「辛口」は決して体制攻撃ではなく、むしろ体制を維持するために必要な装置の一つだったと思う。メディアでその都度指摘されて軌道修正した方が、戻れなくなるまで道を外すよりいいからだ。

ところで、石原都政で深刻化した知事と職員の乖離は、今や恐怖政治と呼ばれる。

2019年末の話だが、都立病院の独立行政法人化を、事務トップの病院経営本部長に知らせずに、知事が独断で決めて、都議会本会議で表明するという〝事件〟があった。担当局では発言を受けて、大慌てでプランづくりに追われた。

都立病院と言えば、東京の感染症対策の砦だ。今回の新型コロナウイルスでも、先頭を切って患者の受け入れや治療を行ってきた。そうして都民の命を預かるだけでなく、全国に波及しかねない疾病を担う機関の問題なのに、独断専行は決していい結果を生まないように思う。

都政にはもっとオープンな議論と組織内の風通しの良さが求められているのではなかろうか。

「東京大改革の一丁目一番地は情報公開にあり」と小池知事は発言してきたが、庁内の意思疎通を含めた情報公開はいつになったら実現するのだろうか。

連載にはまだまだ書き足りないことがあった。

《資料》月刊『地方自治職員研修』掲載記事・一覧

「葉上太郎の都政ウオッチング～東京都の施策・人・力学」は、月刊『地方自治職員研修』２００１年6月号から連載を開始。２０２０年3月号まで、２２６回にわたり毎月掲載された。以下、掲載順にタイトルを記す。

なお、連載１００回、２００回にあたって、同誌上に「連載１００回突破記念インタビュー『石原都政の10年～「執着」の政治家が生んだ政策と都庁文化の変容』青山佾氏（２００９年11月号）」、『衆院選後の小池都政～就任からたった1年で迎えた正念場（２０１８年1月号特集「国難突破選挙」のあとで）』を掲載している。

＊本書掲載のコラムについては、章番号に対応した丸数字（第1部白丸、第2部黒丸）を行頭に付した。

石原慎太郎・1期（１９９９年4月23日～２００３年4月22日）

２００１年（1回～7回）

・幻の親善大使
・電子化の〝効率〟
・10兆円で10万円
①視察？　遊び？
・都議会というところ――交渉会派の交渉
❷室閥
①姉妹都市の危機――テロと都政

２００２年（8回～19回）

①都民の懐が痛まない都税――新たな東京ＶＳ地方
・「記者」の足切り
・無責任体制
・世論はこうしてつくられる？
・是々非の茶番劇
・上司を管理する責任
・嘱託の「政策判断」
・「産業」か、「文化」か
・知事の都合により休憩します
・幻のトップ記事
・報道機関の許認可を握る政治家
・還暦の「演奏」

２００３年（20回～24回）

・順列組み合わせ騒動の危険性
・大警視の伏魔殿
①閉じた知事査定
①不安なオーソライズ
・「後出し」で、色なし、審議なし

石原慎太郎・2期（２００３年4月23日～２００７年4月22日）

２００３年（25回～31回）

・命懸けの圧倒的支持
②「青」の時代の終わり
・「出す」と「出したくない」の間
・幻の「青森・岩手県境」
・政策と人事と「治安」と
・「賛成」「反対」の片言隻句
・寂しき地方主権の闘い

2004年（32回〜43回）

・「ご機嫌次第」という安住と頽廃
・「無責任」は、虎の威を借る
②後悔先に立つ
・「さる」発言
・東京の風土病
・経営のミスマッチ
・眠れる龍の形式美
②舵切り、せず
・「らしい」発言
・「美味」の秘密
・被災者へのメッセージ
・水道料金の政治学

2005年（44回〜55回）

❷三位一体の〝割引率〟
・凛とした背骨を持つ美しい議会
・月光仮面でいてほしい
・「活用」の活用
・「都議」の手本
・「疑惑」の人事
・「いじめ論」の行方
・どっちがいいか、よ〜く考えよう
・「最後の証人」の最期
・47番目のその後
・ヒトラーと言われれば言われるほど
・「下落」の理由

2006年（56回〜67回）

❷コピー刷りのベストセラー
②「課題」の認識
・新年の切なる「お願い」
・「参集率」想定のすすめ
・1000億円のおもちゃ
❶区より市か、市より区か
・俺のカネを取るな！
・障害者雇用のステレオタイプ
・「東京市」の五輪
②「見込み違い」と都知事選
・「増やして殺す」のおぞましさ
・「命の格差」の格差

2007年（68回〜72回）

・都民提案の〝終焉〟
・「得な人」の資質論
・「非」名誉都民の思い
・「公開」の息苦しさ
・都民は県民税を払うべきか

石原慎太郎・3期（2007年4月23日〜2011年4月22日）

2007年（73回〜79回）

・「知事の色」と「バスの色」
・「地方」出身者が司る東京
③再起動のある種不可解な「空気」
・強い〝支持率〟の低下
・渋谷区の〝転落〟
・「進化」という名の退化
③五輪の景気変動リスク

2008年（80回〜91回）

・下水道ダイエット
・3000億円の損得勘定
・格差指数36・4の派遣
・あるかないかの壁
③また、他人のせい？
・交際費の可視化の効果
・「日本中央卸売市場」の役割
・小児救急、先駆けと言っていられない
❷若者ほど住みたくない街になる？
・東京帝国は下水道で滅ぶ？

・都民の声と鶴の一声
・東京の郵政選挙

2009年（92回〜103回）

・なぜ「助産」を議論しない
・足元を見よ
・口利き詐欺
・「払えない」になる前に
・「街とともに。人とともに。」あれかし
・死のマラソン広報
③都議選の「新3K」
・五輪副知事の解任
・「風」だけで片づけるな
❷名前を持て、そして気概を持て
・人口1300万人突破
③「負け都市」の幕の引き方

2010年（104回〜115回）

③減収1兆円
❶ダムは国の事業なのか
・個人の犯罪か、組織の犯罪か（上）
・個人の犯罪か、組織の犯罪か（下）
・知られざる「地下水」
・「みんな」の市長選
・右肩上がりの人
・1300万人の裏側で
・肉食系男子振興局
・熱中症の寂しい家族
・都民様はお客様です
・富士見の庁舎

2011年（116回〜120回）

・東京のふんどし
・東京砂漠の野菜が売れる
・下流が忘れてはいけないこと
・東京の税を奪うのは愛知なのか
❶哀れみではなく、お詫びと感謝を

石原慎太郎・4期
（2011年4月23日〜2012年10月31日）

2011年（121回〜127回）

④震災が決めた知事
・「東京に原発を」
④今度は「復興」名目
・樺ちゃんの置き土産
・地震と戦争
・25人に1人の地震酔い
・唯我独尊からの転換

2012（128回〜139回）

・石、もしくは意思の庭園
❷涙鍋
・東京人の内部被曝
・ペットの防災対策を議論せよ
・「シナ」発言のバロメーター
・年金暮らしの店
・買い占めの数値
・救急搬送2時間以上
・海へ逃げる？
・納体袋の備蓄
・「馬鹿」
④二度目の放り投げ

猪瀬直樹
（2012年12月18日〜2013年12月24日）

2013年（140回〜151回）

・「シナ」と「中国」の小異
・知事の挨拶

⑤2、3年で替えない知事
・栄誉と罪
・建築家の家
・五輪だけの栄誉
・「雑談」から資質が見える
・知事会見が面白くない
・「オール与党」の嘘
・忘れられた光化学スモッグ
⑤東京五輪、浮かれる前に
・結婚は30歳になってから

2014年（152回・153回）
・都庁のバックアップ
・灰色知事の地位利用

舛添要一（2014年2月11日〜2016年6月21日）

2014年（154回〜163回）
⑤ご都合素人
・記憶に残る仕事
・コミュニティ・セントウ
・住民が残した庭園
・空白の1年
・汚い「華」
・ゼロの土俵（上）
・ゼロの土俵（下）
・放射能、輸入品は安全だったのか
⑥なぜ来てほしいのか

2015年（164回〜175回）
・新しい縦割り行政
・緑は生み出すよりも、減っていく
・みどり率の不思議
❷第五福竜丸の存在感
・東京五輪の見えざる敵
・歩きスマホの街
❶大阪都の衆愚、東京都の衆愚
・負担金の戦い
⑥幕引きは忘れた頃に
・名誉
・毒の言葉
⑥外野知事

2016年（176回〜183回）
・マニュアル都市&TOKYO
・ようやく「福島へ行こう」
・「友都」の死
❶1350万人の理由
・「高額海外出張」が招く危機
⑥舛添流と石原流
・被災した湯河原町民を見捨てる
⑥「せこい劇場」の根っこ

小池百合子（2016年8月2日〜2020年7月30日）

2016年（184回〜187回）
・女性スキャンダルの転換点
⑦「政治家」の仮想敵
・政権交代の印象の「後」
・延遼館の都知事選

2017年（188回〜199回）
・知事に甘い知事
・他の自治体のイメージを悪くするな
⑦世相の宝庫
・区政で都政を問う
⑦記者も議員も知らないなんて…
・東京ブラックホール

・脅威の増発路線
・都議選大勝で、小池1強の進む道
⑦新「都議会のドン」になるかどうか
・Tokyo Cerry Blossoms Tram
・ジプシーにこそ感謝の言葉を
・大島のキョン

2018年（200回～211回）

・知事、梅毒について言及を
⑦「税収奪」の二律背反
・軽い命と重たい命
・保育所を増やす
・予算の大儀はどこにある
・女性記者を擁護せず
・結婚の気運醸成
・「いいね」で首席？
・発注者と受注者は同じでいいか
・220分の6の支援
・名誉都民の不思議
・五輪があるから人権を守る？

2019年（212回～223回）

・「気運醸成」の現実の課題
・「こどもの城」と「都民の城」

・東京に来る人が減った
・残念な復興支援メニュー
❶東京の税は頑張った泉佐野市に移せ
・犯罪は芸術だ！
・来年、1400万人を超える？
・東京の経済的な地位が下がる？
・災害の「特異時期」
・5Gの「盛り」
・みどり率0％
⑦都民の声、恣意の声

2020年（224回～226回）

・世界に遅れた都市農業施策
❷「都立」の使命と雑な議論
・「辛口」が果たした役割

著者紹介

葉上太郎（はがみ　たろう）

地方自治ジャーナリスト。全国紙記者を経て、2000年にフリージャーナリストとして独立。2001年6月号から2020年3月号まで、月刊『地方自治職員研修』（公職研）に「葉上太郎の都政ウオッチング」を毎月連載。著書に、『日本最初の盲導犬』（文藝春秋 、2009)、『瓦礫にあらず――石巻「津波拾得物」の物語』（岩波書店、2013）など。

都知事、不思議の国のあるじ
20年間の都政から読みとく地方自治

2020年（令和2年）6月30日　初版第1刷発行
7月3日　初版第2刷発行

定価はカバーに表示してあります

著者　葉上太郎
発行者　大田昭一
発行所　公職研

〒101-0051
東京都千代田区神田神保町2丁目20番地
TEL　03-3230-3701（代表）
03-3230-3703（編集）
FAX　03-3230-1170
振替東京　6-154568

ISBN978-4-87526-402-6 C3031　http://www.koshokuken.co.jp

落丁・乱丁は取り替え致します。　PRINTED IN JAPAN　印刷　日本ハイコム㈱

ISO14001 取得工場で印刷しました